检察业务管理指导与参考

JIANCHA YEWU GUANLI
ZHIDAO YU CANKAO

最高人民检察院案件管理办公室 / 编

2024年
第6辑
（总第30辑）

中国检察出版社

图书在版编目（CIP）数据

检察业务管理指导与参考．2024年．第6辑：总第30辑／最高人民检察院案件管理办公室编．—北京：中国检察出版社，2025．—ISBN 978－7－5102－3143－8

Ⅰ．D926．3－55

中国国家版本馆CIP数据核字第2024T39F20号

检察业务管理指导与参考（2024年第6辑）

最高人民检察院案件管理办公室　编

责任编辑：史世琦
技术编辑：王英英
美术编辑：徐嘉武

出版发行：中国检察出版社
社　　址：北京市石景山区香山南路109号（100144）
网　　址：中国检察出版社（www.zgjccbs.com）
编辑电话：（010）86423736
发行电话：（010）86423726　86423727　86423728
（010）86423730　86423732
经　　销：新华书店
印　　刷：唐山玺诚印务有限公司
开　　本：710 mm×960 mm　16开
印　　张：11.75　插页6
字　　数：145千字
版　　次：2025年3月第一版　　2025年3月第一次印刷
书　　号：ISBN 978－7－5102－3143－8
定　　价：40.00元

《检察业务管理指导与参考》
编　委　会

前 言

2019年3月，《检察业务管理指导与参考》创刊，如一株破土而出的幼苗，根植于“四大检察”全面协调充分发展的“沃土”，伴随案管工作实践，在全国案管人的重视与呵护下茁壮成长，不断结出引领检察业务管理助推检察业务高质量发展的累累硕果。

《检察业务管理指导与参考》作为检察业务管理理论与实务研究的专门期刊，始终秉持的宗旨是，深化理论研究以指导工作，推介实务经验以供借鉴参考，理论与实务紧密结合，促进全国案件管理工作深入开展，为“四大检察”发展贡献案管力量。

我们致力于把《检察业务管理指导与参考》打造成案件管理理论创新的基地。深入学习贯彻习近平法治思想，革除不合时宜的观念理念，打破体制机制的制度性障碍，聚焦案件管理的基础理论、重大课题和制约案件管理创新发展的“瓶颈”问题，与时俱进创新案件管理理论，引领不断发展的案件管理工作实践。

我们致力于把《检察业务管理指导与参考》打造成实务经验交流的载体。鼓励实务探索，倡导凝练总结，将“三大监督”“四大服务”“管好管理”的生动实践，融入理性思考和理论升华，通过《检察业务管理指导与参考》这个平台晒出来、辩起来、推广开来，促进交流碰撞和思想解放，从而始终保持案件管理机制改革创新的源头活水，助推案件管理工作整体提升。

我们致力于把《检察业务管理指导与参考》打造成开阔案件管

理眼界的窗口。跳出检察业务管理的拘囿，加强中外司法管理的比较研究，汲取其他执法司法机关的业务管理理论成果，借鉴社会治理、现代企业管理的成功实践和创新理论，引导案管人打开眼界，拓宽视野，以“他山之石”，成案件管理之功。

《检察业务管理指导与参考》是案管人自己的刊物，记载着案管人的奋斗与追求、激情和汗水，更将描绘出案件管理工作的希望与梦想、今天与明天。案件管理理论研究，案管人使命在肩，责无旁贷。各地案件管理部门和广大案管人，既要重视、支持和参与撰稿投稿、编审征订工作，也要学好用好这个刊物，为案件管理工作助力、赋能。

理论启智心灵，实践创造非凡。让我们一起为案件管理工作铺一条光明的路，开满希望的花，结出丰硕的果。

目　录

领导论坛

理论前沿

业务研究

专题研究

检察文苑

领导论坛

LINGDAO LUNTAN

中国军主任在深入推进案件质量评查试点工作座谈会上的讲话（摘编）

（2024 年 11 月 25 日　江苏昆山）

目　次

本次座谈会的主要任务是，深入学习贯彻最高检党组关于一体抓好“三个管理”的重要指示精神，落实好《最高人民检察院关于加快推进新时代检察业务管理现代化的意见》，抓住中国新一轮改革大势、检察改革的大势，认真梳理总结分析当前评查试点工作面临的新形势新任务，明确当前和今后一个时期评查试点工作的目标、任务，创新深化、积极推进评查试点工作，实现案件质量管理新征程上的再出发、新时代的新跨越。

一、关于案件质量评查试点工作的成效和存在的突出问题

（一）试点工作的成效

案件质量评查应不应该对每个案件开展？我们认为是应该的，每一个案件都应该评查，这是未来发展的方向，但是现在还没有能力对每一个案件进行评查，所以在应不应、能不能之间发生矛盾的时候，要进行试点，要蹚出一条路子来，这就是案件质量评查“每案必评”试点的由来。近两年的试点工作，有“每案必评”的试点，也有智能评查、异地交叉评查的试点；有市级院的试点，也有基层院的试点。实事求是地讲，试点院都取得了很好的成效，比预想的要好，为未来的发展蹚出了一条好路子。这些试点取得的初步成效主要有以下方面：一是凝聚了共识。其一，认识到了质量评查的重要性。质量评查是我们案件管理部门个案监督的立身之本。其二，认识到信息化评查的重要性，在信息化评查上迈出了很大一步。这两点共识为下一步开展试点提供了支撑。“每案必评”一定要继续开展下去，并且最重要的一点是依靠信息化、数字化和智能化。二是赢得了支持。首先，赢得了本院主要领导、党组的支持。领导的重视是开展工作的基本前提，也是下一步开展试点工作的重要支撑。其次，赢得了业务部门的支持，质量评查是案管部门的试点，如果没有业务部门的支持，就不能形成合力，孤身奋斗不可能开展好这项工作。三是研发了智能化软件。每个试点院基本有一套智能化评查的软件，这是一项很大的工作成绩。四是形成了一批好的经验、好的制度。每个试点院要以经验材料的形式进行总结，可

以在《案件管理工作情况》上专门出两期简报，有一定理论性的也可以在《检察业务管理指导与参考》上刊登。既然是试点，就要总结与推广好的经验、好的制度方法。五是为下一步的深化开展奠定了良好的基础。行百里者半九十，其实现在可能还没到半九十，未来的路还很长，但是已经有了一个好的开头。

（二）存在的突出问题

成效显著，问题也很突出，只有冷静地站在第三者的视角来看，才会发现短板：一是形式化。为试点而试点，为政绩而试点。流于形式的多，考虑实质的少；立足现在的多，考虑未来的少。二是浅表化。主要是指案件质量评查“每案必评”试点过程中评定等次最多的都是瑕疵，追责情形几乎都未涉及。三是软件化。把“每案必评”变成一套软件、一个系统仅是“软件化”，以此就想根本解决问题，是把复杂问题想得太过简单化了。四是片段化。只抓一节、一片段，前不连、后不粘。前面怎么加强与业务部门的衔接？后面怎么把质量评查结果运用好？包括怎么跟政工部门、督察部门衔接？下一步工作，成效要继续发扬，问题要及时解决。

二、 在正确把握质量评查定位的基础上，积极推进“每案必评”等试点深入健康开展

（一）案件质量评查的定位

首先要站在案管这个角度来认识质量评查。案管部门的立身之本有两个：一是流程监控，二是质量评查。大家可能会说分析研判很重要，但这是检察长、检委会宏观管理的重要方式，案管部门是给领导提供服务的，所以不是分析研判的主体。分析研判报告好不好，是业务工作办案好不好，而不是报告本身写得好不好，发现的

问题，提出的对策，案管部门只是建议，最后要由领导来决定，所以案管部门的核心职责是流程监控和质量评查。案管部门管的是案件，主要是个案，在程序上进行监控，在实体上进行评查。要把职责定位和现实推进结合起来，不反对将具体评查交给业务部门，最高检本级的评查也是案管部门牵头，业务部门来做，但这只是过渡阶段，是起始阶段，未来还应该由案管部门来做。试点工作不仅要立足于现在，还要着眼于未来、着眼于定位，这个定位就是案件质量的检验。案件质量的检验应该由第三方来做，这才是公平的、公道的、客观的、中立的。在案件真正办结、实体和程序完全办结以后至归档前，进行案件质量评查，确定案件优质、合格、瑕疵、不合格等次，以及是否对接司法责任、是否评优评先，这是案件质量评查的定位，也是进行试点的理论基础。

（二）下一步试点工作的总体要求

一要积极主动，大胆探索，甚至可以“异想天开”。二要审慎稳妥，每迈一步，要思前想后，尽量不出问题或不出大的问题。三要逐步推进，不要有毕其功于一役的想法，分阶段分步骤进行，既要尽力而为也要量力而行，逐步开展，不求轰轰烈烈但求问心无愧。当前，这些试点院是开展案件质量评查工作的先锋，是未来前进路上的探索者，要立足于现在，更要着眼于未来，积极主动，审慎稳妥地逐步推进、分步进行。

（三）要抓好“三评两可”

“三评”，就是敢评、能评和真评。

一是敢评，解决认识的问题。每一个试点院都要明晰案件质量评查的定位、主体、内容、方式、结果的运用，要认识到案件质量评查试点是在“一取消三不再”、一体抓好“三个管理”新形势下的必然要求。“一取消三不再”后，特别是要一体抓好“三个管理”，质量管理是基础，质量评查是三个管理的重要抓手，如果不积极试点质量评查，不积极推进质量评查，“三个管理”就可能落到虚处。业务管理、案件管理、质量管理最基本的就是要涉及每一个案件的质量，这要经过质量评查来确定。最高检党组提出“高质效办好每一个案件”的价值追求。优质案件、高质效的案件，离不开科学的管理。应勇检察长强调，高质效案件，重在高质效，难在每一个，关键是办好。“每一个”怎么体现，“办好”怎么体现，最重要的是流程监控和质量评查。如果每一个案件都有一个客观的、公正的质量评查报告和等次评定，就可以倒逼每一个案件、每一位检察官高质效办案。

试点实际分了两步走：第一步，实践中先推进。试点单位就是先锋部队，蹚新的路子，可能有浅滩，可能有急流，可能有荆棘坎坷，怎样实现案管部门组织中立的、客观的评查，倒逼业务部门提高办案质效，真正做到高质效办案？深化试点，是案件管理部门履行“三大监督”，做好“四大服务”的必然要求。数据监督、程序监督、实体监督三大监督都离不开质量评查，评查数据、案卡的填录、程序的规范、实体办案是否正确，可以说质量评查贯穿于“三个监督”，也贯穿于服务科学决策、服务办案、服务诉讼参与人、服务人民群众的“四大服务”。最高检出台了一批教材，是各个业务部门的法律文书，也有案管部门的文书，下一步要在检察业务应用系统上自动生成。质量评查在检查法律文书的时候，要按照新的法律文书来检查，包括是否邀请人民监督员、是否有听证工作等，可以作为评价优质案件的重要参考。第二步，迎着当前案件质量评查的难点去，解决难点，不绕着走。试点是先锋，当前存在的矛盾与问题，需要在试点期解决，而不是要求大部队来解决；要对准规律点，把握未来的发展方向。抓点带面的工作方法就要抓领导的关注点、工作的难点和未来发展的规律点。质量评查未来向哪个方向发展，要抓规律点。难点和规律点，要进行专门总结，比如评查的启动、评查的组织、评查的队伍、评查的标准、评查的方式、评查的程序系统等，要把这些难点和规律点抓住，才是敢评。认识问题是解决敢评的第一步，抓难点和规律点是真正做到敢评的第二步。

二是能评。敢评是前提，能评是底气。能评的第一个标准是全部案件都有能力评查，第二个标准是都能及时进行评查。要有全面评和及时评这两个能力，首先，要有一支评查的队伍，这支队伍不是建立在业务部门之上的，如果建立在业务部门上会受制于人，更会影响业务部门的工作开展。可以召集一些退休的法官和检察官、案管的专家加入这支队伍，原则上不要律师。其次，要有一套自己的软件系统。要建立在人工基础上的信息化适用，而不是建立在信息化基础上的人工适用，完全靠机器来评查，就没有可持续性，没有发展了。最后，要有一批制度。评查制度要贯穿最高检到省级院，一直到基础院，从宏观到中观再到微观，包括评查的规定、指引和具体方法。现在缺的是微观的制度规范，不同案件类型的评查指引，不同办案程序的节点评查指引，不同领域的案件类型评查指引等，在制度或者规范化建设上还有很长的路要走，而这些是能否具有评查能力的根本。

三是真评。敢评是基础，能评是底气，真评是关键。是不是形式化，是不是浅表化，是不是典型的软件化，要落到是不是真敢评查上。关于试点工作的汇报，绝大多数的评定都是合格案件，不合格案件很少。这样别人就会质疑评查有没有意义。所以，要突出抓好优质案件的评查，培育一些优质案件，在办案过程中加强管理。优质案件是可以培育出来的，在评查之前，事先发现问题就可以调整。也可以评出一批优质案件，引领办案质效的提高，评查出个别不合格案件和部分瑕疵案件倒逼案件质量的提高。传统的工作方法，一是抓点带面，二是抓两头带中间。这就是抓两头带中间，抓优质案件的评查和不合格案件的评查。真评，一个基本的标准就是严格依法、实事求是，既不拔高也不将就，对于不合格案件要严格把关。

“两可”，就是可持续、可复制。一是可持续性。试点工作要有可持续性，才能发展下去。工作就是薪火相传，接力棒一棒接着一棒，逐步发展。二是可复制性。作为试点的先锋，总结的经验要别人可循。如果只有你能做，别人不能做，那这个试点就没有价值。所以一定要做可持续、可复制的试点，具体怎么办，就是四个字：简单、实用。把复杂的工作简单化，理论性的工作实用化，不用高大上、不接地气，试点最终就是要探索出简单实用的经验、做法。

三、 结合案件质量评查的关键节点和突出问题，着重抓好十个方面的重点环节

案件质量评查的开展，要立足于实际、着眼于未来，突出抓好关键的节点。

第一，抓创新。试点就要敢闯敢试、勇闯勇试，要创新。试点无前例可循，要创造案例、创造典型，在创新上不要有顾忌，打破一切禁锢头脑思想的制度、机制障碍。创新是试点的生命力所在，创新就是敢为人先。“成功自古在尝试”，所有的成功都来源于尝试，来源于创新。就是敢做吃螃蟹的第一人，各个试点院都要认识到这一点，敢于创新。

第二，抓规范。试点要把规范放在重要的位置，抓规范就是要抓严格依法、严格依规，严格对准前进的目标。评查等次是不合格、瑕疵、合格、优质四个，不能脱离了规定的等次再创设细分。创新如浪涛，勇往直前，规范就是束缚水流的两岸大堤，相辅相

成。创新要有可持续性、可复制性，不能脱离实践，每一步都要依法依规进行。更多的是要在方法上探索，而不是在本质上去创新。

第三，抓评优。评出经验，评出先进，业务部门就会支持、检察官就会支持。不要动辄把评查的重心放在不合格上，放在瑕疵上，要把抓评优作为评查试点的重点。

第四，抓追责。评优要与政工部门相衔接，抓追责要与检务督察相衔接。要严格把握不合格案件。在追责上，要敢于追责，但也要善于追责。坚持实事求是，讲究方式方法。最重要的是明确案管部门不是追责部门，要与检务督察部门衔接好。

第五，抓借力。既要借智，也要借力。要有一支专业化、职业化的队伍，不能搞草台班子，搞一次评查把大家结合起来，聚集在一起，下次再评查的时候又搞一批新人，这样评查永远不会具有可持续性。要有专门的培训、专门的资质、专门的标准要求。掌握一批退休的法官和检察官、案管部门的优秀评查干部，包括一些业务部门的在职检察官。

第六，抓宣传。试点工作原则上只做不说、多做少说。原则上，不得对检察系统以外的人员开展评比，开展宣传。即使对内也不多做宣传，可以向主管部门汇报，向主管部门的领导汇报，但原则上也不做宣传。所有的改革都是有阻力的，重要的改革还可能是要流血的，不要把改革、试点、创新当成轻轻松松的敲锣打鼓。

第七，抓容错。创新试点，有可能成功，也可能出错。不要只想着光鲜亮丽的成绩，也要想着每一步存在的重大错误，甚至是批评追责。但只要是积极主动地去开展，态度是端正的，就要有容错的态度，也要有容错的机制。任何事情往最好方向努力，也要做好最坏的打算。

第八，抓与业务部门的关系。要认识到试点的质量评查有益于业务部门，对他们有帮助，他们就会支持，共同形成合力。案管部门不要以监督者自居、高人一等的态度对待业务部门，最低限度就是不影响业务部门正常办案，要讲究方式方法，既不要以海瑞包公自居，也要学会自我保护。

第九，抓共性与个性的关系。质量评查不管怎么试点，都有共性，要中立、客观、公正，要促进高质效办案，要促进管理的科学这些是共性。同时，要强调特殊性。异地评查如何开展，上级院如何评查，本级院如何评查，其他单位如何评查，为什么会出现五花八门的评查，就需要明白什么是评查。案管部门组织的专门评查，就是实体和程序完全办结以后的质量评查，是要贴等次标签的，既有个案的评查报告、等次，也要有不同类型案件、不同检察官、不同办案部门的综合评查报告，指导办案。要支持人大、政法委等组织的评查或者检查，但与质量评查不是相互代替的关系，而是对案件质量评查的监督，是在质量评查以后抽查一定比例的案件再次检查，是专项的检查，看看检察机关的办案情况，同时也是对案管部门评查工作的检验。承办检察官承担办案的司法责任，质量评查的承办检察官也要承担评查案件等次确定的司法责任。

第十，抓软件与人的关系。要利用机器，利用系统软件，但是不能把它们作为立足点。要用人，要立足于人工评查。比如，设置一些流程节点、案卡填录项等，使用机器评查一批案件，这些案件评查结束要有专门的评查报告，要有个案的评查报告和综合的评查报告，同时还要有人工评查的比例确定。不要过分强调机器的作用，它只是辅助，不是主体。即使汇报软件的时候，也要突出人的作用。所以重点要放在人工评查上，一年组织几次评查，什么时候进行评查，评查怎么组织，结果怎么运用，这些是试点需要把握的重点。

最后，提两点意见要求。第一，加强指导。对各院的试点，既要放手探索，又不能放任不管，更不能自生自灭。试点一定要于法有据、有规可循，要在方式方法上创新，而不是在制度上创新，更不是在内容上创新。试点要加强指导，也要加强请示、报告。下一步，最高检将加强指导，试点院要加强请示报告。第二，加强交流。试点已经进行到一定程度，要稳一稳，不要急着迈下一步，首先要巩固住，要相互学习借鉴。既要相互交流学习，还要保持个性和特殊性。各地的情况都不一样，要抓住共性，还要保持特性。

理论前沿

LILUN QIANYAN

检察业务数据质量核查工作机制研究*

内蒙古自治区人民检察院课题组**

目　次

---

* 本文系2024年度最高人民检察院检察案件管理理论研究课题“检察业务数据质量核查工作机制研究”的研究成果。

** 课题组组长：孙庆杰，内蒙古自治区人民检察院副检察长。课题组成员：白红霞，内蒙古自治区人民检察院案件管理办公室副主任；武春花，内蒙古自治区赤峰市人民检察院案件管理办公室主任；尹倩，内蒙古自治区人民检察院案件管理办公室二级检察官助理。

三、完善检察业务数据质量核查机制的思考

（一）把好源头关，规范填录机制

（二）做好审核关，优化核查机制

（三）强化责任关，完善追责机制

检察业务数据是检察业务工作的客观反映，是开展检察业务管理的基础。业务数据质量影响着业务管理部门的业务指导和业务决策。近些年，检察机关统计检察业务运行情况的数据呈量级增长，为检察机关强化精细化指导、科学决策提供了数据支撑。但客观来看，部分地区的业务数据质量不高，甚至出现“数据注水”“作假账”等问题，严重影响了检察业务管理，制约了检察工作的健康发展。2023 年，党中央修订《中国共产党纪律处分条例》，将“统计造假”纳入党的纪律处分范畴，充分彰显了党中央坚持实事求是、反对弄虚作假的鲜明态度和坚定决心。《最高人民检察院关于加快推进新时代检察业务管理现代化的意见》要求各地抓实检察业务数据管理，夯实检察业务宏观管理和指导的基础。为贯彻落实党中央、最高检部署要求，解决当前存在的数据问题，亟须建立健全数据质量核查工作机制，全面保障检察业务数据的真实性、准确性、完整性，为精准研判和科学决策奠定坚实基础。

一、 检察业务数据质量现状及原因分析

数据质量是统计工作的生命线①。当前，全国检察机关高度重视检察业务数据质量，通过规范案卡填录、开展业务数据专项检查等有力措施及时“纠偏”检察业务数据，大力提升业务数据准确

① 《领导干部统计知识问答》编写组：《领导干部统计知识问答》，中国统计出版社 2021 年版，第 42 页。

率。但由于业务数据体量庞大、填录人员数据意识不强、智能化水平不高等原因，检察业务数据准确率难以达到 100%。从最高检每季度检查情况来看，全国检察业务数据准确率保持在 95% 以上。经调查发现，数据质量现状及原因主要体现在以下方面。

（一）部分检察人员数据意识不强，没有充分认识到检察业务数据的重要性

随着检察业务工作的发展，检察业务数据项不断增加、统计工具不断升级。最初检察机关只统计审查逮捕、审查起诉等基础数据项，随着检察职能重塑、“四大检察”全面发展，业务数据需求持续增加，需要采集更多更全面的精准化数据项。当前，统计数据海量增加，报表从原来的几十张增加到三百余张，统计数据高达 2800 万项，真正形成了检察业务大数据。最初检察机关用手工分散统计、手工集中统计、机器统计，现在使用集办案、管理、统计于一体的统计专门系统统计。随着统计方式的更新，采集方式从原来的专职统计员手工填报，发展为承办检察官在办案系统中填录案卡，统计系统自动实时生成汇总数据。虽然检察机关的统计工作较为先进，但很多检察人员因为没有跟上检察业务发展的步伐，没有认识到业务数据的重要性，对不影响办案进程的案卡不填录、不影响工作成绩的案卡不填录，也不愿意学习案卡填录标准，导致部分案卡信息缺失、填录不规范，进而使检察业务数据不能全面反映检察工作全貌。

（二）部分填录人员责任意识不强，没有充分认识到失真数据产生的严重影响

《检察业务数据管理办法》规定，案件信息由承办检察官或者检察官助理、书记员协助录入，检察官助理、书记员对录入的信息

依据本人职责承担相应责任，检察官承担指导、审核责任和最终责任。业务部门的承办检察官、检察官助理、书记员作为检察业务数据的填录主体，直接决定了业务数据的准确率。从当前掌握的情况来看，业务部门还存在业务数据填录与司法办案“两张皮”现象，填录人员还存在“案件信息填录审核是案管部门的事”的错误认识，对案卡填录工作缺乏责任心，具体表现在两方面：一是未深入学习案卡填录标准与说明，导致错填、漏填、迟填案卡现象时常发生。检察业务应用系统中主要案件类型的案卡信息上千项，且不断更新，填录人员对部分案卡项的具体含义理解不到位，导致案卡信息错填，生成错误业务数据。二是填录通报不痛不痒，导致错填、漏填、迟填案卡现象屡禁不止。现全国四级检察院案管部门都在进行数据质量检查、通报具体错误，但没有人为错误买单，案卡质量的填录责任、审核责任、最终责任没有真正落实到人。

（三）部分检察机关智能化水平不高，不能实现案卡自动填录和自动校验

一方面，案卡信息智能化填录水平较低。虽然检察业务应用系统 2.0 流程前端设计了部分案卡回填功能，但仅限于部分审查逮捕、一审公诉案件的少量案卡信息，更多的检察业务数据生产主要还是依靠填录人员手动填录案卡信息。比如，审结一案多人案件时，需要填录人员逐一填录每个犯罪嫌疑人的审结信息，增加了填录负担。另一方面，案卡填录前端的校验规则较少。当前，检察业务应用系统 2.0 设置了部分案卡间逻辑校验规则，但案卡与人卡间的逻辑校验、跨案卡间的校验、案卡与文书间的比对校验等规则还不完善，导致大部分数据问题不能提前杜绝在填录前端。

二、当前检察业务数据质量核查工作存在的问题

《最高人民检察院关于加快推进新时代检察业务管理现代化的意见》中指出，业务数据准确是宏观管理和指导检察业务的基础，业务部门、案管部门要加强检察业务数据质量管理。为解决当前存在的数据质量问题，全国各地均狠抓数据质量管理，形成了较好的经验做法，取得了一定成效，其中数据核查起到了关键的作用。但由于现在检察机关还未形成完善的数据核查机制，核查工作还存在诸多问题，导致核查工作开展不深不透不全面，数据问题此起彼伏。

（一）核查主体履职不到位

一方面，业务部门核查主体未充分履行核查职能。《检察业务数据管理办法》规定，业务部门负责人和检察官应当加强检察业务数据质量管理，各业务部门应当指定检察人员协助开展检察业务数据管理。但实践中，业务部门负责人、检察官、数据核查员多数情况下未主动履行核查责任，往往是案管部门开展核查发现问题后参与整改工作，甚至发现数据质量问题时，有的业务部门予以遮掩，规避核查。另一方面，部分基层院案管部门数据管理员未有效发挥核查职能。当前，大多数基层院的案管部门与法律政策研究室、控告申诉部门等合并为一个部门，由于工作内容较多，人员紧缺，部分检察院负责数据管理工作的人员身份不符合数据管理办法的相关要求，人员素质及能力与数据质量管理工作要求有较大差距，不能有效发挥核查职能。然而，检察业务大多在基层，检察业务数据也大多产生在基层，基层数据管理员的素质在很大程度上影响着本地区甚至全国的业务数据质量。

（二）人工核查范围不全面

现阶段，大部分地区主要依靠人工核查。一方面，由于数据量庞大，核查数据项不能达到全覆盖，核查主体在核查过程中优先核查重点数据、异常数据、专项数据等，对其他一些基础性数据核查不到位。另一方面，核查手段不全面。在日常核查中，核查主体更多采用案件信息变更审核、基础表审核、重点数据反查筛选等手段，核查案卡间有对应逻辑关系的案卡，无对应关系案卡的质量无法核查。此外，因案卡信息与文书比对的核查方式耗时耗力，部分存疑数据缺少相关材料印证需要实地核查，考虑到逐案核查人员不足、实地核查不便利，开展得较少。

（三）核查方式信息化不足

当前，全国各地大多数地区均有使用信息化核查工具，如“数检通”“苏查查”“数据卫士”等。但相较于海量的数据监管任务和不断变化的案卡项目而言，当前的信息化手段还不能满足数据核查的全部需求。比如，当前信息化工具的核查规则主要集中在对结构化数据的核查，即案卡之间的逻辑关系是否正确、案卡填录是否符合法律规定等，对案卡与文书之间的比对、两个不同流程间案卡之间的逻辑关系等设置较少，不能实现深层次核查。

（四）核查责任落实不到位

近年来，最高检每季度组织开展全国检察业务数据核查，并前往数据异常的地区开展实地核查。虽然各地不断强化日常核查、专项核查等数据核查工作，但检察业务数据仍存在不准确、不真实等情况，重要原因是数据责任落实不到位。一方面，对怠于履行核查职责的核查主体责任追究不到位。另一方面，对出现数据质量问题的填录人员责任追究不到位。大多数地区仅对数据质量问题进行书面通报，并且一通了之，未与检察官业绩考核挂钩或采取其他追责措施，导致追责失之于软、失之于宽，数据质量问题长期得不到解决。

三、 完善检察业务数据质量核查机制的思考

业务数据准确是案管部门的第一要务。案管部门要将业务数据核查工作作为更好服务检察机关履职办案、科学决策、业务指导的重要基础工作，不断健全完善检察业务数据质量核查机制，以高质效的业务数据核查倒逼业务工作规范开展，助推高质效办好每一个案件。

（一）把好源头关，规范填录机制

1. 强化数据意识，增强数据责任。检察业务数据的采集方式决定了承办检察官必须树立“填录案卡也是办案”“抓数据质量就是抓办案质量”的理念，充分认识填录案卡的重要性，增强数据意识，及时、准确、全面、规范填录案卡。要树立正确政绩观，根据案件办理情况客观真实填录案卡信息，坚决杜绝填录案件信息时弄虚作假，造成统计数据失实。

2. 压实填录责任，严控数据源头。《检察业务数据管理办法》规定，案件信息由承办检察官录入或者由检察官助理、书记员协助录入。办案组需要明确案卡填录主体，将填录责任压实到具体人员，以岗定责，以责促质，促使填录责任人及时、准确、全面、规范填录案卡。办案组检察官要加强填录指导，做好案卡填录审核工作，对所办案件的案卡信息进行全面审核，承担案卡信息填录的第一责任人责任，落实“谁办案谁负责”的司法责任制。

3. 开展精准培训，完善指导方式。承办人对案卡全面、深入的

理解是准确、及时填录案卡的前提。要配齐用好《全国检察业务应用系统 2.0 填录标准和说明》，加强与业务部门的配合，精准开展案卡填录培训，达到熟练掌握案卡项含义的程度，为准确填录案卡打下坚实基础。坚持问题导向，案管部门要开展专项指导，对最高检、省市院数据核查中发现的案卡填录问题进行归纳，举一反三制定对应问题的数据填录标准和指引，定期梳理业务部门填录多发频发问题，组织“小切口”“短平快”的微培训，提升填录规范化水平。

4. 提升信息化水平，减轻填录负担。改进数据采集方式，强化数据自动标准化生产，持续优化案卡自动生成、回填功能。打通结构化案卡信息和非结构化法律文书通道，对能够从文书中自动提取回填的项目，不再由办案人员人工录入；对必须人工判断的项目，努力实现填录智能提醒、预警提醒。强化关联案卡提示及逻辑判断，对新增或变更的关联案卡信息通过系统进行数据校验，对于不符合逻辑规则、法律规定的案卡信息不予通过保存。比如，目前存在的认罪认罚案卡人卡不一致等问题，可以通过优化升级案卡间的逻辑关系予以解决。

（二）做好审核关，优化核查机制

1. 部门协作，建立核查共同体。建立业务部门自查、案管部门核查机制，同向发力。数据核查不是案管部门一家的事，业务部门必须承担起数据填录、审核的基础责任，要形成业务部门承办检察官自我检查、业务部门数据核查员日常核查、案管部门专门核查相结合的常态化核查模式，重点对案件信息的规范填录、数据是否真实有效、案件信息和法律文书表述内容是否一致等内容进行核查。

2. 上下一体，集成核查力量。建立案管条线业务数据核查一体机制，由省级院、市级院组织专项核查、异地交叉核查。坚持问题导向，围绕重点工作、专项工作、法律监督工作等数据，结合从公安机关、法院等单位调取的重点数据，对无罪、撤回起诉、“两项监督”、检察建议、职务犯罪等案件开展专项核查，着力解决“注水案”“凑数案”。对立撤案情况、采纳情况等缺乏印证材料的数据，适时组织开展实地核查。

3. 人机结合，提升核查效率。持续优化智能辅助核查软件，强化案卡与文书的比对核查、跨流程案卡间的核查，不断完善核查规则，扩大智能化核查范围，发挥软件排查智能化优势，有效缓解案管部门“事多人少”的矛盾，最终形成以智能化为主的数据质量检查方式。与此同时，在智能化还不完善的阶段，要梳理智能化软件无法核查的规则，定期开展人工核查，提高核查频率，不断加大核查力度。

4. 业务融合，扩展核查深度。建立常态化工作模式，将数据核查与收送案管理、流程监控、案件质量评查、业务数据分析研判等工作结合起来，提升各环节发现、审核、纠正异常数据的主动性，形成工作合力，提高监管整体效果。比如，在开展业务数据分析研判过程中，发现某项数据增幅、降幅明显，就要专项核查该项数据是否真实。又如，将流程监控中发现的法律文书使用不规范、重点负面案件文书线下制作等问题纳入数据质量核查，进一步加大对异常数据的发现、审核、纠正力度，不断提升监管整体效果。

（三）强化责任关，完善追责机制

1. 继续落实定期通报机制。对于核查出的数据问题，要通报到具体院、具体承办人，督促整改到位。对于数据填录核查不认真、走过场的检察人员进行工作约谈，发送红色提醒函，倒逼案卡填录责任的落实。适时组织开展数据核查整改情况回头看，检查发现问题的纠正情况，推动同类问题少犯、不再犯。

2. 建立错误分级处理机制。严格执行《检察业务数据管理办法》，压实数据填录主体责任和监管责任。按照问题严重程度分为“一般”“较重”“严重”三个等级，根据问题等级采取书面通报、扣减业务绩效、移送检务督察等处罚措施，倒逼业务部门办案人员提升案卡填录质量。建立防范和惩治统计造假、弄虚作假责任制，形成谁主管、谁负责，一级抓一级、层层抓落实的责任体系，全面落实防范和惩治统计造假、弄虚作假工作的领导责任和监督责任。

3. 强化协同联动监管机制。加强与政治部、检务督查部门的协同管理。认真落实最高检《人民检察院案件管理与检务督察工作衔接规定》，对在核查中发现的到期未整改、整改不到位、屡纠屡犯以及瞒报虚报案件信息等问题案件，除了例行通报，还要移送检务督查部门进行责任追究，倒逼案件承办检察官提升案件信息填录质量，不断增强监督的刚性。同时，将数据问题纳入检察官绩效考核，用考核责任倒逼案卡填录责任的落实，确保检察数据质量和案件质量同步提升。

案件集中管理履职一体化机制探析*

徐俊驰**

目　次

伴随着检察工作的整体发展，特别是司法责任制改革、司法权运行制约监督机制建设在检察环节的深化，集中管理、专门管理意义上的案件管理持续推进，展示出更强的问题意识和工作针对性。而着眼于改变部门职能设置“上下一般粗”的状况，解决基层检察院反映的案多事多人少和“同级监督难”等矛盾，具有检察一体化因素的做法在履职机制层面逐渐展开。到《最高人民检察院关于加快推进新时代检察业务管理现代化的意见》（以下简称《意见》）、《检察机关案件管理部门贯彻落实〈最高人民检察院关于加快推进新时代检察业务管理现代化的意见〉的实施意见》（以下简称《实施意见》）施行，特别是最高检提出“一体抓实业务管理、案件管

---

* 本文系2024年度最高人民检察院检察案件管理理论研究课题“以系统观念推动案件管理机制运行一体化研究”的阶段性成果。

** 徐俊驰，四川省自贡市人民检察院党组副书记、常务副检察长。

理、质量管理”最新要求后，相关工作进入新的阶段。以此为背景，本文拟结合所在省份的工作探索，就相关基础性问题作一探讨。要说明的是，本文讨论的履职一体化机制，是就案件管理部门所负责的集中管理（专门管理）而言。当然，案件集中管理是检察业务全员、全程、全面管理的重要构成要素，具有枢纽意义，其高水平履职必然有利于更高层次的“三个管理”高质效展开。

一、案件集中管理履职一体化机制的根据

全面准确落实司法责任制，要求构建以检察长、检委会宏观管理为统领、办案部门自我管理为基础、案件管理部门专门管理为枢纽、相关部门协同管理为保障的全方位、立体化业务管理组织体系。案件管理部门在承担对检察长、检委会、办案部门以及其他职能部门具体联系职责的同时，自身也负有“管好管理”、加强自身履职能力建设的责任，其履职一体化机制在理论和实践上的根据可以概括为四个方面。

其一，从“领导—管理”维度看，有鲜明的体制遵循。案件集中管理履职一体化机制在概念上来自检察一体化。根据通说，检察一体化是检察机关组织构建和检察权运行的指导性原则。其强调检察机关是一个整体，核心是上下级检察院是领导与被领导的关系，检察长领导检察院和检察官工作，也强调在分工基础上的统筹与协作，从而更有效履行法定职责。[①] 从检察工作上下级领导体制出发，专设案件管理职能，本身就是为加强对办案活动内部监督以及对检察长、检委会参谋辅助，是落实上级检察院和检察长领导职权的应有之义。在司法责任制改革持续深化，对检察官“放权”，特别是在检察权职能重塑、机构重组基本完成的背景下，一体履职机制作

① 参见张智辉：《论检察一体化》，载《中国法学》2023 年第 3 期。

为提升法律监督能力的重要支撑，这对检察工作来讲当然包含对案件管理的要求。有的观点指出，流程监控、质量评查、数据分析等具体职能成为上级检察院统筹推进工作的重要手段，其履职一体化机制构成了检察一体化的新样态。①

其二，从“办理—管理”维度看，有清晰的机制参照。检察一体化在制度机制层面的具体实践是从办案活动启动的，多数情况下讲的就是办案机制运行一体化。这在案件管理机制改革以前就积累了相当丰富的经验，逐渐形成了纵向一体化（主要是上下级检察院之间）、横向一体化（主要是检察长领导下部门和条线之间）、跨区域一体化（主要是不同地方同级检察院之间）的基本框架。其中持续强调，要通过职能融合、资源聚合，提升法律监督整体效能。就办案和案件管理的关系来看，既然“有案件办理，就有案件管理”，办案机制运行一体化基本成熟、逐渐发展，案件集中管理履职一体化机制也就呼之欲出。特别是经历司法责任制改革、内设机构改革，原有逐级审批和内部侦捕诉具体职能制约格局发生重大变化，对案件管理内部监督作用的要求更加凸显。办案和案件管理之间，从最早的管办不分，到机制改革后的管办分离，再到更高水平的管办协同，这本身就是螺旋上升的认识和实践过程。

其三，从“管好管理”的现实维度看，有明确的问题导向。自最高检部署案件集中管理机制改革以来，工作“从无到有”“从小到大”，整体上保持了向上向好态势。同时也清醒地认识到，与检察工作以及检察业务管理工作理念、体系、机制、能力各方面全方位现代化的新的更高要求相比，当前工作仍有短板弱项。对基层检察院的调研反映出，内设机构改革以后减少了专责部门，案多事多

---

① 参见李小东：《新时代检察一体化原则的新发展》，载《人民检察》2022 年第 24 期。

人少、时间紧、任务重、要求高的情况，更是显而易见。[①] 这种情况下如何运转和开展工作，问题不能说不急迫。回应这个问题的对策是综合和多方面的，像规范化、专业化、信息化等都有自上而下的部署要求。现实情况是，其建设要么进入常态，要么主客观制约较多，而且都具有长期性，想要集中突破可能比较困难。就笔者所在省份市县检察院特别是小微院多的实际看，确实需要把履职一体化机制运行放到更重要位置，是回应案多事多人少矛盾、破除同级监管局限性的因应之举。

其四，从“管好管理”的历史维度看，有扎实的经验积累。以较早时候的《最高人民检察院案件管理暂行办法》为参照，各地各级院普遍设立侧重同级监督，所列职责“上下一般粗”的专责部门。分阶段来看，首先是办公室统计、办案部门内勤等事务性管理的集中，以案件管理部门单设、案管大厅统一受理案件为标志。其次是业务性管理的铺开，集中体现在《人民检察院案件质量评查工作规定（试行）》《人民检察院案件流程监控工作规定（试行）》，但都是以本院开展工作为基本考量。对市县检察院来讲，不断扩展的同级监督要求延伸出“同级监督难”，再到内设机构改革后，问题和困难更有加剧态势。也是在这个阶段，在工作基础较好的地区，出现了具有检察一体化因素的探索。像上级检察院对下级院直接发出流程监控通知、上级检察院复评下级院自查的重点类型案件甚至是直接提级评查，以及集中力量组织专项监控、专项评查等做法取得初步效果，都为履职一体化机制建设奠定了经验基础。

二、 案件集中管理履职一体化机制的探索

第二次全国案件管理工作会议就解决案件管理“纵向发展不均

---

① 参见李龙、冯飘飘：《强基导向下深化案件管理一体化机制的思考》，载《检察业务管理指导与参考》（2024 年第 1 辑），中国检察出版社 2024 年版。

衡、横向履职不全面”问题，提出了要构建“上下一体，各有侧重”工作格局的构想，这对履职一体化机制建设具有重要的指导意义。① 特别是《意见》《实施意见》进一步对“构建检察业务管理一体化运行机制”“建立完善案件管理履职一体化机制”作出部署要求，带动了省以下办案单位的持续探索。以笔者所在省份为例，相关工作主要包括四个方面。

其一，针对“上下一般粗”问题，优化案件管理部门“各有侧重”职能布局。合理的职能布局是讨论履职一体化机制的必要前提。就诉讼和法律监督职责的设置来讲，基层检察院主要是办理刑事检察的捕诉案件和侦查、审判、执行活动违法监督案件，民事、行政审判、执行活动违法监督案件、公益诉讼检察案件多数是简单案件，同时，经历内设机构改革，缺少单设的案件管理部门，工作最薄弱；市级检察院承担了重大刑事案件的捕诉职责，多数的二审、审判监督程序刑事案件以及民事、行政生效裁判监督案件，同时领办辖区内有重大影响的公益诉讼检察和检察侦查案件，一般有单设的案件管理部门，力量相对较强但不均衡；省检察院在自办案件数量上并不突出，同时承担较宽泛的业务指导职责。为解决纵向维度上的分层布局问题，本文考虑，一是指导基层检察院重在做好受案审核、律师接待、涉案财物保管、案件信息公开等基础性工作，减少问题发生；二是强化市级检察院在督促指导和业务监管上的主力作用，提高发现问题、解决问题的能力，做强流程监控、质量评查、数据检查；三是省检察院要做好面上统筹和把好方向，抓手是数据分析，也要做好点上示范，提级开展有重点的流程监控、质量评查、数据检查。应该说，这样的思路比较贴近主要矛盾和矛

① 参见张燕飞、周宏强：《以系统观念构建多层次一体化案件管理体系》，载《人民检察》2021 年第 16 期。

盾主要方面的判断，整体上是适当的，当前仍可以对照《意见》《实施意见》精神进一步深化。同时也有问题需要讨论。这首先是因为各地在办案数量、质量、效率、效果等不同维度上的管理需求兼具共性和个性。以流程监控为例，对超大城市和区域性中心城市的主城区，鉴于人案矛盾相对突出，就要考虑更多促进繁简分流，提高整体办案效率；而对边远地区薄弱小微院，强调防范超期羁押、超期办案、查扣冻和处置环节违法违规等情形。所以，“各有侧重”同时包括纵向的、层级的因素和横向的、区域的因素，这对力量特别薄弱的小微检察院开展工作有指导意义。

其二，针对流程管理“形式化”问题，突出“递进”监控。流程监控是比较典型的事中监督、程序监督，以往在刑事检察业务中运用较多，存在较为普遍的“形式化”问题，主要表现在监控开展少或者虽有开展但比较随意；发现法律文书制作、案卡填录、系统使用的浅层次瑕疵问题多，而违反法律、司法解释规定的严重、深层次问题少；指出问题时使用口头提醒多，而流程监控通知发送次数少、向检察长报告少；对问题的整改，“一说了事”“一发了事”多，而跟进督促少。而这些又与基层检察院监管力量短缺、技术手段不足等有关。① 为解决前述问题，我省的做法是建立了提级开展流程监控“三步走”办法，发现问题、提醒提示的任务更多由省检察院担起来，对下更多的是要求督促、整改。具体操作上，第一步是按周选取问题突出点位，开展集中巡查，拉列问题清单发出提醒，市级检察院负责督促，基层检察院负责整改。第二步是在提醒的基础上，到月底组织“回头看”再核查和提出警告。如果整改仍不到位，第三步就纳入通报并应用到考核。《实施意见》提出推广

① 参见申国军：《检察机关案件流程监控工作的检视》，载《中国检察官》2023 年第 23 期。

“提醒—整改—通报”递进式监管模式后，我省跟进提出“集中巡查、逐级督办、限期整改”的工作安排，关键是督促市级检察院落实好省检察院的提示提醒，抓好督办督促，确保基层检察院能够在限期内整改整治到位。值得讨论的是，根据递进式监管模式，发现问题是逐级过滤，方法上由轻到重、循序渐进，除少量程序上确实无法回转的案件外，基本能做到全面整改。这符合“提醒全覆盖、整改大多数、通报极少数”精神，由此也导致书面流程监控通知书发送的次数更少，这就需要科学看待条线自身工作数据。另外，在提级流程监控中，上级检察院发现下级院办案不规范情形，有的单位采取的是列表提醒，偏重类型化问题；有的单位采取的是发函提示，偏重个案问题，但都没有使用书面流程监控通知书。前述操作是否妥当，还要研究。考虑到《人民检察院案件流程监控工作规定（试行）》侧重关注办案单位内部同级监督，制度上可能对提级开展工作的特殊性考虑不足。

其三，针对质量管理“不权威”问题，突出“交叉”评查。质量评查是典型的个案监管、事后监管和包含实体处理在内的全面监管。存在的问题不足，集中在“同级监督难”，特别是界定实体错误时的权威性不足。像法院判处无罪、撤回起诉等重点类型案件的逐案评查，还涉及结果运用和追责惩戒，办案部门和承办检察官高度关切，矛盾最为突出。为统一评查标准、解决办案单位自查初评难以较真逗硬的问题，也着眼于减轻基层检察院负担，当时我省的做法是建立了有重点的提级评查机制。对发生在基层检察院的法院判无罪、定罪免处、撤回起诉案件，取消了自查初评，改为初评、复查、复核的“三步走”办法，范围上比《人民检察院案件质量评查工作规定（试行）》只要求对院领导办理案件的评查可以上提开展的精神要更进一步。具体操作上，第一步是各市级检察院负责对辖区内重点类型案件逐案初评，提出定级意见。第二步是交叉复查。省检察院牵头，采用网上异地交叉的方式，调度质量评查专项人才库成员，组织“全覆盖”复查。第三步是集中复核。经过在库评查员复查，由省检察院汇总复核，组织员额检察官联席会逐案讨论，重点研究复查阶段拟改变初评意见的案件，和评查员提请研究的存在疑难复杂情形的案件。在结果应用上，将不合格和瑕疵案件个案评查报告、通报等作为共享信息定期移送检务督察部门。从效果上看，全省瑕疵案件查出率在全国处于平均水平，不合格案件查出率比较靠前，一定程度上回应了“同级监督难”问题。这些做法在《实施意见》中得到部分吸收。与此同时，我省又提出要深化“提级初评、交叉复评、集中定评”的进一步工作安排。对市级检察院来讲，主要是落实好重点类型案件提级初评的工作，以及选派骨干参加全省范围内的交叉复评；对省级检察院反馈的初步结论，则是要组织基层检察院认真研究，有理有据地提出意见。值得讨论的是，提级评查首先是在重点评查中运用，向专项评查更多延伸也有探索。但像常规抽查，从主要是本院办案质量内控手段这一基本定位出发，目前还是基层检察院自评自查，不要求以提级方式开展。关于评查标准的协调性，这与证据审查运用、事实认定和法律适用的复杂性有关。因为存在交叉开展工作的因素，在矛盾证据审查、非法证据排除等涉及心证的问题上更加突出。①

其四，针对数据管理“不深入”，突出“接续”分析、“融合”研判。这里的数据管理，实际包括两项工作。一是数据检查与流程监控相通，都具有程序性、规范性较强的特征，可以借鉴采取“提醒—整改—通报”递进式监管模式，下沉到底，把基层检察院案卡填录、数据统计失真失准问题纳入工作范围。二是对数据所反映的

① 参见徐俊驰、刘云、魏再金、刘璐：《办案质量异地交叉评查的探索与思考》，载《中国检察官》2023 年第 21 期。

工作质效，分析研判时对办案中苗头性、倾向性、普遍性问题和典型不规范情形的重视不够。具体工作安排：一是在横向维度上，更多把流程监控、质量评查、数据检查中发现的典型问题，放到办案质效分析研判中作提醒。其效果是宣扬正确政绩观，体现了宏观管理与微观管理、定性评价与定量评价的结合。二是在纵向维度上，省检察院所做分析要从最高检报告、通报中认领问题，同时也要求市县检察院在自身分析中积极对照并举一反三。这实际是依托上级检察院领导职权，提级将市县检察院问题管起来。

当然也要看到，融合监管虽然有利于提升履职质效，也存在技术上的局限。当前，数据分析主要是依托线上巡查报表、案卡来开展工作，能深入文书、卷宗，触及证据采信、事实认定、法律适用问题实质化判断的比较有限。在横向维度上，流程监控、质量评查、数据检查彼此间有一定界线。在纵向维度上，还要注意区分“面上”苗头性、普遍性、倾向性问题的提醒和“点上”个案典型问题的批评，从而引导市县检察院正确看待和用好分析研判成果。比较典型的是立案监督“三个当日”情形。从监管角度看，其主要逻辑在于：办案单位当日受理线索、当日通知公安机关说明理由、公安机关当日立撤案，不符合办案规律，由此推论，有办“凑数案”的高度嫌疑。这种提醒是中肯的，但也可能忽略实践中的复杂情况。所以“三个当日”更接近于风险预警和问题预判，个案是否存在差错，要逐级分解细化，通过个案检查、评查等微观管理来确认才为适当。

三、 案件集中管理履职一体化机制的改进

案件集中管理履职一体化机制是检察一体化原则和“一体履职、综合履职”要求在集中管理（专门管理）领域的具体体现。对照针对检察一体化的主要框架，也细分为三个维度：一是纵向一体

化，上级检察院直接监管检察业务应用系统上的基层检察院案件和数据，属于典型的贯穿监管。这在流程监控、数据检查上体现最明显，对重点案件的复查亦是。二是横向一体化，如数据分析与流程监控、质量评查、数据检查相贯通，有融合监管的趋向。三是跨区域一体化，除了对法律监督线索移送管理，其他以异地交叉方式开展的监控、评查、检查都有这种属性，侧重服务保障、事务性管理的异地阅卷机制亦是。而结合对《意见》《实施意见》的持续学习，为进一步提高履职质效，回应实践中反映的新情况，就加强和改进工作有四个方面建议。

其一，突出理念引领，强化系统思维。这里侧重强调系统思维的立场观点方法，关键是把握并遵循事物之间普遍联系的规律。研究和推进履职一体化机制，集中体现对系统思维的学习运用。同时，也要注意工作阐释时可能的虚化倾向。例如，在履职一体化机制的讨论中，有可能出现四组关系：一是案件管理部门与办案部门、其他承担协同管理职责部门之间；二是上下级院案件管理部门之间；三是不同区域同级院案件管理部门之间；四是案件管理部门自身业务工作之间。在所讨论内容上，制度建设、队伍建设、信息化建设有时都被归入进来。这些都有道理，但也要注意聚焦解决实践中提出的“同级监督难”等矛盾，把要求落在以案件为对象的履职上。要注意把握《意见》《实施意见》所界定概念的不同层次，持续理解“四化”建设提法中将一体化与规范化、专业化、信息化并列的安排，保持必要的概念分界更为恰当。

其二，建强机制支撑，压紧压实责任。《实施意见》提出，案件管理部门是检察业务管理的专门机构，贯通上下左右、有效联系各方，位于检察业务管理体系的枢纽地位。工作中，需要建强和持续用好相关支撑性机制。具体来讲，一是完善向检察长、检委会汇报机制。以检委会专门议题形式，集中讨论办案质效分析研判、业务不规范问题监管情况。二是健全业务管理会商机制。向办案部门通报监管情况，就一些基础的、简单明确的工作交换意见，推动在部门层面靠前解决。三是建立对市县检察院调度机制，在条线内部对下开展定期调度。四是做实业务管理与检务督察衔接机制，除移送瑕疵、不合格案件评查报告外，将其他监管手段所发现问题等纳入督察、巡察范围。其中，条线对下调度机制是新安排，关键是坚持做实，把对上级检察院提级监管所形成的相关报告、通报学好，进一步做好前端的工作计划、提高针对性和完成后端的问题讲评，形成工作闭环。

其三，巩固人才基础，汇集工作力量。《实施意见》提出，大力加强案件管理队伍专业化建设，增强案件管理人员的政策把握能力、法律适用能力、数据统计能力、分析研判能力、程序监管能力、质量评查能力。结合现实情况，需要注意将人的因素与不同层级不同区域的基础条件、重点任务等结合起来。具体来讲，一是配齐配强案件管理部门负责人，二是落实好在编数据管理员的要求，三是优化全省案件管理条线人才库，四是创建省市县各级院案件管理部门、办案部门检察官共同组成的案件质量评查单项人才库。另外，在条件特别艰苦、工作力量最为薄弱的边远地区小微院，借鉴履职一体化机制的经验，按照包片负责的思路安排力量相对较强的基层检察院和标兵、能手、人才库成员承担较重任务，帮助周边兄弟院解决受案审查、案卡填录、系统使用、律师接待、涉案财物保管、法律文书上网等基础性、经常性问题。这也要求上级检察院有侧重地予以关注和指导，先确保不发生大的疏漏，再持续提高规范化水平。

其四，强化技术保障，减负赋能并重。检察业务应用系统建成后，提级管理才具有跨越层级和区域限制的可行性。长期来看，以大数据、人工智能等技术赋能案件管理，才能够做到更大范围的事权上收，责任聚拢，把基层检察院日常的事务性负担真正减下来。同时也要看到，针对流程监控、质量评查、数据检查的很多研发应用还主要是在信息化阶段，没有达到数字化智能化的程度。以流程监控为例，工作方向是尽快建设自动化的流程监控系统，取代原有人工监控，将个案监控拓展为类案监控为主、个案监控为辅，将事后监督延伸至事前监督、事中监督。① 根据《实施意见》安排，工作保障信息化建设的顶层设计集中在最高检，省级检察院和条件较好的市级检察院有作探索和抓落实的责任。对基层检察院而言，当前重点是规范使用系统，从夯实数据质量底座做起。另外，履职一体化机制也对信息化建设提出具体需求，如按照递进式监管模式提级开展流程监控，需进一步完善相关内部文书、流程，将监管意见便捷地推送办案单位和承办检察官。

① 参见申国军：《“智慧案管”体系建设与实施路径》，载《人民检察》2021 年第 Z1 期。

管理学视角下检察机关案件管理完善路径检视

于海明　赵　赓*

目　次

* 于海明，辽宁省人民检察院案件管理办公室副主任、四级高级检察官；赵赓，辽宁省人民检察院案件管理办公室一级检察官助理。

高质量的案件管理是实现高质效办案的必由之路。最高检提出，切实、真正把检察管理从简单的数据管理转向更加注重业务管理、案件管理、质量管理上来，转到对重点案件类型、重点办案领域、重要业务态势的分析研判上来，把宏观案件质效分析与微观案件质量评查有机结合起来，聚焦法律监督主责主业，回归高质效履职办案本职本源，落实和完善司法责任制，把注意力和主要精力聚焦到高质效办好每一个案件和案件的每一个环节上。如何在历史的维度下找准案件管理的职能定位，如何在管理的大格局中重新认识案件管理的价值，如何在加快推进检察业务管理现代化的视野下探索实现高质效办案的现实路径，是当前形势和背景下检察工作面临的新课题。

一、 追踪溯源——把握案件管理的职能定位

没有精准的自我定位，目的地就无从谈起。历史轨迹是自我定位的最好素材。从检察工作发展历史的维度看，案件管理大致走过了以下几个阶段：

（一）以条线自我管理为主的行政化管理阶段（1978 年至 2003 年）

检察机关恢复重建以来，检察业务管理模式是以条线自我管理

为主，宏观管理上表现为不断加强部门之间和不同环节的制约。比如，检察机关最初对自侦案件的办理采取的是“一竿子插到底”的工作方式，从立案侦查到侦查终结、出庭支持公诉，办案人员一般不作更替，从而形成了自批自捕、自侦自诉的现象。1988 年 11 月召开的全国检察长工作会议决定把检察机关直接受理侦查的案件由原来的一个部门负责到底的办案制度，改为侦查和批捕、起诉分开，分别由自侦、批捕、起诉三个部门办理的制度。1997 年实施修订后的刑事诉讼法以来，为适应刑事诉讼制度的改革，最高人民检察院先后制定了《人民检察院刑事诉讼规则》《关于完善人民检察院侦查工作内部制约机制的若干规定》等一系列司法解释和规定，形成了检察机关内部分工制约的管理模式。

（二）案件集中管理的各地自行探索阶段（2003 年至 2011 年）

2003 年 6 月，最高人民检察院下发《关于加强案件管理的规定》，要求推行办案流程管理、加强信息网络建设、完善办案工作考核等，是案件管理集约化的初始设计。工作模式多为程序管理与实体管理兼顾，偏重实体管控类型，定位为检察业务综合管理部门和检委会日常工作机构，在检察长、检委会领导下对案件进行流程、质量监控。在开展工作中，会采取抽取案件、调取卷宗、个案检查，这是开展案件质量评查的早期雏形，主要是发现表层问题、程序性问题。

（三）案件集中管理的全国统一规范阶段（2011 年至 2018 年）

这一时期，案管工作履职最突出的特点就是以全国统一业务系统为承载实现案件统一集中管理。2011 年 7 月，最高检在第十三次全国检察工作会议上部署推进案件管理机制改革，将案件管理工作的地位提升到全新高度。2011 年 10 月，最高检案件管理办公室挂牌成立，在《关于成立最高人民检察院案件管理办公室的通知》中第一次出现了办案质量评查的概念。2013 年，检察业务应用系统全面上线运行，全国检察机关实现网上办案。2014 年 12 月，最高检召开全国检察机关第一次案件管理工作会议，进一步明确了案件管理工作“管理、监督、服务、参谋”的职能定位，提出了案件管理工作“一个全局、两个全面”（即牢固树立全局观念、全面发挥案件管理职能作用、全面提升案件管理科学化水平）的总体思路和任务要求。

（四）案件集中管理的转型升级阶段（2018 年至今）

2018 年“两反”完成转隶，内设机构改革，检察工作开始了重塑性的变革，“四大检察”“十大业务”确立，案件管理也建立与之相适应的工作机制。2018 年 1 月 1 日，《人民检察院案件质量评查工作规定（试行）》正式施行，也就是现行案件评查工作依据的规范性文件。2021 年 10 月，在全国检察机关第二次案件管理工作会议上，最高检提出了“把握案管部门作为检察业务工作中枢的职能定位，突出监督管理和服务保障两大主责，树牢科学管理、能动管理、智能管理三大理念，健全业务指导、评价、管控、保障和外部监督等五大体系”的工作思路。后来经过完善，形成了“一二三四五六”的总体工作思路。2024 年 1 月，《最高人民检察院关于加快推进新时代检察业务管理现代化的意见》提出着力构建全员参与、权责明晰、系统完备、规范高效的检察业务管理新格局，加快推进检察业务管理理念、体系、机制、能力现代化。从组织体系上，规定了着力构建检察长和检委会宏观管理为统领、办案部门自我管理为基础、案件管理部门专门管理为枢纽、相关部门协同管理为保障的全方位、立体化检察业务管理组织体系。明确了案管部门检察业务专门管理职能和“枢纽”定位，案件管理工作自此进入了又一个迭代升级阶段。

案件管理部门成为检察业务枢纽，应当体现在三个方面：一是立足本职，维持检察业务有序运行。主要是做好日常性、基础性工作，抓好案件的收送流转、数据监管、流程监控、质量评查。二是连接各方，彰显管理效能。案管部门对外衔接政法机关和人民群众，对内连接检察机关相关部门，在做实检察业务全局性工作中发挥重要的枢纽作用。三是高点站位，服务检察决策。案管部门最大的优势是掌握检察业务全口径数据，可以从检察工作全局思考和解决问题。在加强微观案件质量管理的基础上做好宏观案件质效分析，系统地梳理案件数据背后反映出的司法规律，指导检察工作科学发展，为经济社会发展、社会综合治理提供有价值的参考和依据。

二、穿透本质——从管理学原理的角度理解案件管理的意义和价值

（一）管理和数据作为生产要素的作用愈发凸显

根据马克思主义经济学基本原理，生产关系由生产要素构成。人类社会根据生产要素的发展变化，分为四个发展阶段：农业经济、工业经济、知识经济、数字经济。农业社会的生产要素是劳动力、土地；工业社会即资本主义时代，生产要素在劳动力、土地的基础之上，增加了“资本”，资本作为第三个生产要素出现时，发生了工业革命；随后第四个生产要素出现，就是“企业家才能”，即“管理”，通过加强管理和创新，把前三个要素的价值最大化；随着第五个、第六个生产要素“知识”和“技术”出现，进入了知识经济时代；现在，“数据”作为最新的生产要素被提出来，社会发展进入了全新的数据时代。2019 年 10 月，十九届四中全会提出，

“健全劳动、资本、土地、知识、技术、管理、数据等生产要素由市场评价贡献、按贡献决定报酬的机制”，第一次把数据确定为与劳动、资本、土地、知识、技术、管理并列的第七大生产要素；《中华人民共和国数据安全法》于2021年9月1日正式施行。数据的价值愈加凸显，已提升到国家战略层面予以考量和保护。

（二）数字经济时代给管理带来新的挑战

身处数字经济时代，这是检察工作、案件管理工作的时代背景。有了这个总体的把握，对于案件管理工作形势的变化、重心的调整、重点的把握，就会有更加清晰准确的认识。互联网大数据时代，社会治理或者说法律监督对象不再局限于传统的司法、行政机关、企业或者个人，数据算法以全新的形态出现，给监督工作带来新的课题。以外卖平台为例，有740万名骑手在算法规则下每日奔忙，外卖骑手电动车交通事故频发，究其原因，是平台算法形成的数据压榨，骑手在平台数据管理模式下沦为工具，给社会治理增加了难度，也给检察工作带来新的挑战。

（三）从管理的属性看案件管理的价值

根据管理学的理论，管理就是制定、执行、检查和改进。一是制定流程、完善制度，制定的过程是分解事物本质特征的过程，基于数据和经验，把握事物的本质规律；二是严格执行流程、制度，在执行过程中发现问题和差距；三是进一步改进和提升。管理的过程其实就是一个PDCA循环的过程，不断提升水平、优化质效、螺旋上升。这就是管理的意义所在。案件管理以助力总体检察工作实现价值最大化为最大价值。新时代的案件管理不应当是收送案或者罗列数据，而是从数据中洞悉检察权运行规律，在此基础之上建立有效的措施或制度，严格执行并不断校正，推动检察工作不断优化、不断进步。这就是检察机关案件管理的意义所在，也是检察工作实现高质量发展的必由之路。

三、 检视当下——检察机关案件管理工作存在的问题

（一） 权责不够清晰

司法体制改革对权力的管与放进行调整，员额检察官承担更加突出的司法责任，实践中在一定程度上出现了行政管理权的弱化，比如检察长、主管检察长不去管、不想管或者管不好，没有尽到案件管理的责任，把责任都甩给检察官，说是权力下放，实际是责任下压，也就出现了很多低级的问题案件。同样道理，业务部门内部往往也存在着部门负责人与检察官、检察官助理职责不清的问题，推诿扯皮沟通不畅，出现信任危机和组织内耗，严重影响队伍战斗力。

（二） 管理手段乏力

有的检察长只关注宏观管理，对具体个案质量的管理不上心，只要结果不问过程，出现问题就追责问责了事；有的办案部门忽略对办案的全程监管，部门负责人成了二传手，办案人意见报给主管检察长，该组织检察官联席会的也没组织，该向上级请示的也不研究请示，导致小问题未能及早处理，越积越大造成更加严重的后果；有的案件管理部门存在职责不清或者履职不全的问题，不敢站出来，总想往后躲，该管的没管到位，不该管的却管了一堆，专门管理的作用没有充分发挥。

（三） 管理效能不足

案件管理与办理、管案与管人、放权与管权衔接不到位，在交

叉地带容易出现多头管理或者“管理真空”的问题。案件管理涉及检察业务、检务督察、政工人事等多个部门，一旦出问题，管理的效能就大打折扣，甚至出现负面效果。比如，当前案件质量评查存在评查结果运用不充分等问题，一方面，案件评查与检察官业绩考核、追责惩戒缺少统一有效的衔接运行机制，从管案到管人操作层面均存在障碍；另一方面，案件评查服务于检察办案的作用不够凸显，案件评查与案件办理存在脱节，案件管理的效能没能充分彰显。

（四）队伍建设有差距

大多数地市级检察院和基层检察院负责案件管理的部门统称“综合业务部”，案件管理与法律政策研究、检务督察、文字综合、检察宣传、控告申诉等职能杂糅，对应上级条线部门多，投入案件管理的人力有限。案管部门事务性工作多，对案管工作发展的思考和谋划不够，理论研究水平跟不上时代要求，缺少业务能力突出的领军型人才，缺少既懂业务又通管理的复合型人才，一定程度上影响了案件管理工作的高质量发展。

四、心怀期待——打造新时代案件质量管理新格局

最高检提出，加强检察业务管理、案件管理，必须把质量管理贯穿始终，三者融合互促，一体推进。要聚焦“高质效办好每一个案件”，进一步完善管理方式，促进检察办案在程序上更加规范、在结果上更加准确、在效果上更加优良。落实司法责任，实现高质效办案，需要进一步加强检察机关案件质量管理体系建设，全面提升案件管理能力。

（一）主体明确、权责清晰的业务管理体系

职责清晰是管理工作的基本准则，高水平的案件管理必然要求

主体明确、权责清晰的管理体系。《最高人民检察院关于加快推进新时代检察业务管理现代化的意见》明确提出构建宏观管理为统领、自我管理为基础、专门管理为枢纽、协同管理为保障的全方位、立体化检察业务管理组织体系。《最高人民检察院关于人民检察院全面准确落实司法责任制的若干意见》明确了司法办案职权范围，完善了司法责任认定和追究机制，进一步明确“谁来管”“管什么”“怎么管”，真正把司法责任的钢印打在每一个案件中、印在每一名检察官的思想意识里。

（二）重点突出、一体协作的重点案件管控体系

管理就是抓重点、盯关键。通过对检察机关不合格案件的梳理分析发现，问题案件往往呈现出一定的特点和规律，从案件质量管控角度，就是要把容易出问题的案件选出来、管起来，明确重点案件类型和请示报告制度，通过强化检察长、检委会业务管理和上级院业务指导，突出对重点案件各环节全过程的质量管控，构建以重大、敏感、疑难、复杂案件为重点的案件质量管控机制，有效降低无罪判决和撤回起诉、撤回抗诉的风险，以高质效管好每一个案件助推高质效办好每一个案件。

（三）各有侧重、客观理性的案件质量评查体系

案件质量评查是加强检察业务管理的重要手段。压实评查主体责任，明确评查责任比照办案责任，把优质案件和问题案件筛选出来，通过奖励奖赏和追责问责强化工作质效。扩大常规抽查覆盖面，定期汇总评查发现的不规范问题，推送一线办案检察官；优化重点评查机制，对重点案件提级评查，加大对合格案件的复核和备案审查，强化省级院和市级院的业务管理职能；灵活运用专项评查，将其作为案件质量评价的常规手段，通过专项评查有针对性地

发现案件质量存在的问题，客观真实地反映案件质效。强化评查结果运用，优化末端评查助力前端办案工作机制，采取案例讲评、评查通报等方式服务办案。健全案件评查与追责惩戒的衔接机制，避免出现追责乏力或泛化的问题，将司法责任落实到位。

（四）信息畅通、正向引导的优质案件培育体系

目标管理是管理中的管理，没有目标的行为没有价值。高质效办好每一个案件是案件管理的最终目标。建设产学研基地，打通业务部门与综合部门的壁垒，既能引导、培育出优质的案件，又能梳理、总结出案件的优质，形成优质案件来源于办案并反作用于办案的良性互动，营造检察机关争先创优的良好氛围。

实战练兵、两级各有侧重的一体融合监管新格局，进一步提促本地案件流程监控向实质化转变、业务数据监管向深层次推进。

（二）坚持全过程监管

把准业务数据监管方向，从案件入口、法律文书用印、异常修改、结案审查“四道关口”入手，将检察官及时、规范填录案卡信息纳入流程监控体系并计入业绩考核，注重在案件流程监控、办案过程审批和统计数据审核等工作中发现异常数据，纠正不当填录问题的同时提醒提示业务部门重视信息填录背后的数据逻辑，切实扭转业务部门游离于统计信息审核之外的困境。加强对案件信息、个案流程和办案具体活动的日常监督，通过对异常数据态势分析，制定年度监管数据核查重点和积存案件重点清理内容，为业务条线开展工作提供直接参考和精准指导。白银市院连续四年开展业务数据质量专项核查和积存案件清理工作，平均每年清查问题400余件。

（三）坚持“双轨制”融合监管

案件质量评查和流程监控是案管微观管理的重要职能①，业务监管通过流程监控实现对检察办案的动态监督，通过案件质量评查实现对检察办案的事后监督。根据二者监督侧重点的不同，统筹发挥好流程监控和案件质量评查在数据管理中互联互通的作用，实现数据监管、程序监管、实体监管的有效融合。流程监控是数据管理发现问题的信息来源，是驱动数据管理有序运转的轴承。案件质量评查通过对每一起案件“全程留痕”的监督，对办案行为及填录行为进行了强有力的约束。白银市院案管充分利用案件质量评查“线上常规、线下专项、问题通报”功能，发现数据失真失实方面的问

① 中国军：《案件管理专题研究十八篇》，中国检察出版社2023年版，第48页。

题瑕疵，为流程监控提供“屡查屡纠屡错”线索。通过对发现问题的抓早抓小，有助于发现并修正实体问题，促使办案人员进一步规范司法行为。近三年来，市院案管通过“融合监管”模式，纠正数据失真、失实问题2000 余个，进一步推动数据管理刚性落实。

（四）坚持立体联动监管

《关于进一步加强业务数据监管和流程监控　组建监管员队伍的通知》打造“网格化”管理模式，加强全市案管队伍与业务部门的双向联动。一方面，加强案管部门与业务部门横向沟通。在案管部门与业务部门均选配一名数据监管员专职管理部门数据，案管部门及时向业务部门反馈异常业务数据及流程操作不当、文书制作、案卡填录等方面的不规范问题，业务部门数据监管员做好工作衔接并即时整改问题，促成发现问题第一时间反馈、第一时间解决的良性工作格局，倒逼业务部门加强监督管理，提升办案规范化水平。另一方面，充分履行案管部门纵向指导职责。市院案管重在发挥龙头作用，从强化对下指导入手，帮助基层院解决监管难题瓶颈。基层院案管重在发挥基础作用，把流程监控及发现案卡填录失真失实等问题作为日常开展监管的主责主业。全市检察机关数据监管员建立交流群，随时解答业务部门疑问，并跟踪数据整改情况。通过形成点、线、面结合的立体监管网络①，促进业务交流，凝聚工作共识，上下合力促成一体融合监管的态势。

四、基层检察机关完善检察业务数据管理的几点思考

新形势下，基层检察机关业务数据管理工作面临新的更高要

① 刘玉梅、高鑫：《基层检察机关业务数据监管困境及对策研究》，载《检察业务管理指导与参考》（2023 年第 4 辑），中国检察出版社 2023 年版。

求，案管部门作为检察业务管理枢纽，一定要更新理念，主动作为，压实责任，助力检察业务工作高质量发展。结合本地实际，就健全完善基层检察机关业务数据管理工作谈几点思考：

（一）强化责任意识

检察官是检察业务数据的最前端①，也是数据真实性的“第一责任人”，要抓好源头治理，解决思想认识问题是关键。源头问题要是不解决，检察业务数据管理现代化就是一句空谈。针对基层院数据管理力量薄弱、数据治理能力不强等突出问题，着力强化办案人员填录主体责任是关键。要在培养“填录案卡就是办案，抓数据质量就是抓办案质量”理念上下功夫，每年对业务数据监管落实不力的业务条线和基层院，组织开展数据质量专项培训。要求检察官在规范填录、精细管理上带好头、做表率。督促检察官严格管理办案团队，确保数据填录准确、生成无误。采用案管小课堂、办案小提示等方式强化日常培训，针对案卡填录中暴露出的突出问题，逐个逐项进行讲解，反哺业务条线，增强监管成效，持续提升基层院数据管理水平。

（二）强化业务数据会商机制

建立健全业务数据分析会商机制，形成“以案管为枢纽、业务部门互动、上下级院联动”② 的协同研判会商机制。始终坚持每季度定期召开业务数据会商会议，常态化开展数据分析工作。会上，由案管部门对业务部门滞后工作情况进行通报，业务部门对近期本

① 刘玉梅、高鑫：《基层检察机关业务数据监管困境及对策研究》，载《检察业务管理指导与参考》（2023 年第 4 辑），中国检察出版社 2023 年版。

② 刘玉梅、高鑫：《基层检察机关业务数据监管困境及对策研究》，载《检察业务管理指导与参考》（2023 年第 4 辑），中国检察出版社 2023 年版。

条线短板弱项工作进行分析并提出下一步具体改进措施，分管领导对加强改进工作提出具体要求。会后，将研判发现的业务问题及改进意见，以通报形式印发全市遵照执行，并要求业务条线和县区院提出落实意见。让业务数据会商成为研究部署业务工作的重要平台，通过业务数据会商研判，切实提促检察业务数据质量提升，成为检察业务工作精准施策、靶向发力的“聚力器”。

（三）强化业务数据分析研判

业务数据分析研判是数据管理的中心内容，坚持业务数据月通报提醒、季分析研判制度，是优化检察业务管理、推动数据管理高质量发展的着力点，多角度呈现业务工作的成效与不足，提出相应的对策和建议，为院领导精准全面掌握全市业务数据运行态势提供参考，使业务数据分析成为反映工作质效的“晴雨表”和提升工作质效的“助推剂”。注重开展专项业务分析研判，以检察工作重点、社会关注热点为切入点，通过数据变化洞察发现重点领域、重点环节检察业务工作中的苗头性、倾向性、典型性问题，深入分析数据背后的深层次原因规律，促进实现该类问题的高效监督。组织召开综合业务分析研判会，围绕在业务信息审核、数据分析研判中发现的异常态势及各项业务的优劣势，对业务部门开展滴灌式督导指导，实时纠偏、提出预警、提升发展。统筹重点专项分析课题，与法律政策研究室一起带动全体业务部门以更加专业化的研判方式、更加科学深入的研判内容，推动专项研判对策更全面更准，以数据的“实”反映问题的“真”。

（四）强化“智慧案管”建设

深刻认识“数字革命”驱动检察发展的重要意义，依托信息化建设平台，把数字监管充分运用于数据监管工作当中，通过智能巡查与人工核查配合发挥效用，实现数据监管的及时有效与全面覆盖，使数字监管成为推动案管工作高效、精准发展的强力“加速器”，努力从数据端释放高质量发展的内生动力。白银市院案管办自成立以来，根据本地检察业务管理和发展需要，坚持方便快捷、务实管用和智能辅助原则，采取购买服务的方式，先后采购数款服务业务分析研判和数据校验的软件，用于智慧案管建设。目前，全市检察机关已全面使用“数据校验管家”“数检通”等智能辅助系统，结合技术赋能和制度支撑，基本实现了系统提示问题的全时监管，逐渐将辅助技术融入日常监管，推动数据管理高效、精准、智能，促进案管人力解放，让数据管理插上“科技翅膀”，① 最大限度释放业务数据管理工作效能。

（五）强化追究问责处理

强化制度约束，发现“数据加工”“数据美容”② 等问题的，要配合检务督察部门及时开展专项督察。《白银市检察机关业务约谈工作办法》建立以市院党组成员为约谈人，各县区院检察长、两级院业务部门负责人及直接责任人为被约谈人的约谈体系，依托业务监管分析、业务数据综合研判分析等通报，对重点工作数据等出现问题的单位及个人开展业务约谈，跟踪约谈成效并监督整改。通过建立业务约谈与专项责任追究相结合的工作机制，增强了发现问题、解决问题的及时性和务实性，扎紧制度“笼子”，确保业务数据客观、真实、准确，为深入开展业务分析研判、服务业务决策指导打下坚实基础。

---

① 申国军：《案件管理专题研究十八篇》，中国检察出版社 2023 年版，第 106 页。

② 北京市人民检察院案件管理办公室：《强化业务数据质量管理　为首都检察高质量发展奠定坚实基础》，载《检察业务管理指导与参考》（2023 年第 1 辑），中国检察出版社 2023 年版。

业务研究

YEWU YANJIU

案件质量评查体系的构建与思考*

马天博　孙　敏　高哲远**

目　次

案件质量评查工作的本质是对案件质量的“评价”，而开展“评价”的基础是科学、合理、全面的标准。进一步明确评查案件

* 本文系北京市人民检察院2023年度检察理论研究课题（立项编号：BJ2023B42）的阶段性成果。

** 马天博，北京市朝阳区人民检察院党组书记、检察长；孙敏，北京市朝阳区人民检察院第九检察部副主任；高哲远，北京市朝阳区人民检察院第三检察部副主任。

范围、细化评价标准以及优化评查结论等，设立更具可操作性，更能客观反映检察案件办理质效的案件质量评查体系，是推进案件质量评查工作进一步完善和优化的关键。

一、构建案件质量评查体系的必要性

（一）案件质量评查制度的价值

在制度层面，案件质量评查的价值主要体现在三个方面：一是为检察办案提供了评价基础。如何评价案件办理的质量，对案件办理工作进行审查认定，是开展案件管理工作的基准。案件质量评查制度的确立，构建了案件质量评查制度的基本架构，在制度层面上为开展案件质量评价提供了基础。案件质量评查制度核心在于对已办理案件进行事后评价，结合案件办理工作的具体情况，对案件优缺点和案件等次进行评价。二是为制约检察官权力提供了有效藩篱。随着司法责任制改革的深入推进，检察官在案件办理和决策过程中获得了更大的决策权，为“谁办案，谁决定；谁决定，谁负责”奠定了制度基础。权力规范使用需要相应的监督和制约，检务督察部门对检察人员的监督主要从是否依法履行职责、公正行使职权的角度进行监督，而案件质量评查制度则是从案件办理的质量本身对检察办案进行监督，即从检察人员办理案件本身对检察人员使用权力设置制度藩篱。三是为提高检察机关办案质量提供动力。案件质量是检察工作的生命线，案件质量评查工作在案件质量建设中具有主引擎作用。通过案件质量评查，发现并解决检察工作中的问题，不断促进案件质量深度优化，全方位助力检察工作高质量发展。

（二）案件质量评查工作实践存在的问题

各地基层检察机关积极开展案件质量评查工作，取得了突出成效。结合各地实践以及北京市朝阳区人民检察院案件质量评查工作开展的实践，案件质量评查工作在实践层面主要有以下问题：一方面，评价标准有待细化。在具体评查工作中，对案件相关情况是否符合评价标准存在一定的障碍。比如，在评查案件是否“认定事实清楚”时，因案件事实包括犯罪主体、情节、实施犯罪的过程及细节、犯罪数额以及犯罪嫌疑人的犯罪动机等多个方面，应对案件认定事实中的哪几项事实进行评查，如何判断案件是否达到“认定事实清楚”，因没有具体规范，对开展具体评查工作带来较大困难。另一方面，评查程序有待规范。基层检察机关如何结合办案实践和人员结构，具体开展案件质量评查工作，仍需要进一步规范。特别是，对于在评查工作中发现的普遍性、倾向性问题如何整改，评查结果与司法责任制如何有效衔接等。

（三）构建案件质量评查体系的必要性

案件质量评查的标准有以下方面：证据采信与排除符合法律规定，证明标准达到法律要求；认定事实清楚；适用法律正确；办案程序合法、规范；文书使用正确、规范，文书制作基本要素完整，说理充分；开展以案释法及时、有效；办案的法律效果、政治效果、社会效果有机统一；符合检察机关司法责任制关于办案组织、案件分配、办案权限、文书签发、监督管理等方面的相关规定；符合其他相关规定。但各个方面的具体要求和评查标准，尚未形成完整的体系。

目前，案件质量评查工作体系尚未建立，对于具体评查工作的开展，以及推动评查工作的体系化、系统化造成了一定障碍，是影响各级检察机关案件质量评查工作进一步完善和提升的重要原因。为应对案件质量评查工作中的现实困境，进一步提升案件质量评查工作效能，构建符合新时代检察工作要求的案件质量评查体系具有迫切的必要性。

二、案件质量评查体系的构建思路

（一）明确案件质量评查体系的价值导向

党的二十大报告强调要“努力让人民群众在每一个司法案件中感受到公平正义”，最高检提出了“高质效办好每一个案件”的明确要求。因此，案件质量评查工作目标是推动和确保案件的“高质效”，构建案件质量评查体系也应当以此为导向。高质效办好每一个案件，要做到检察办案质量、效率、效果有机统一于公平正义。从体系功能上看，案件质量评查体系的作用应当是“计量器”和“矫正器”，是对检察工作开展工作情况的核验，是发现问题和改正问题的工具，具有对检察工作评价和修正的功能。

（二）明确案件质量评查体系的规范功能

案件质量评查体系的本质是为案件质量评查工作的具体开展提供规范，故在构建完善时，应明确评查体系的规范功能。评查体系的核心功能应是为案件质量评查工作的开展提供具体的规范依据，为评查工作的开展提供可操作性的评价准绳。根据《人民检察院案件质量评查工作规定（试行）》（以下简称《规定》）的总则要求，案件质量评查的目的是落实检察官办案责任制，加强对检察官司法办案的监督管理，规范司法行为，提高办案质量和效率。故而在构建案件质量评查体系时，应明确体系能够反映《规定》要求，为案件质量评查工作的开展设立全流程的评查规范。

三、案件质量评查体系的具体构建

《规定》本身已确立了案件质量评查工作的核心框架，评查体系应是对评查工作的标准化和具体化。在构建案件质量评查体系时，应从评查案件范围、案件质量评查内容方面进行构建。

（一）扩大评查案件的范围

评查案件范围的确定是构建案件质量评查体系的基础，明确何类案件具有评查必要性，才能使评查工作有的放矢。《规定》第13条规定了重点评查的四类案件："（一）批准或者决定逮捕后作不起诉处理，或者提起公诉后又撤回起诉，或者人民法院判决无罪、免予刑事处罚的案件；（二）在流程监控等管理活动中发现存在严重程序违规、不当干预、缺少制约程序等问题的案件；（三）案件质量评查智能辅助系统提示可能存在重大问题或者与类案偏离度较大的案件；（四）最高人民检察院、省级人民检察院确定的其他需要重点评查的案件。"该条款前三项明确规定了三类重点评查案件类型，第四项则作为兜底条款为扩大重点评查案件范围提供了规范依据。

随着检察工作的不断发展，特别是民事检察、行政检察、公益诉讼检察的发展，重点评查案件的范围也应作出相应扩充。在刑事检察案件方面，除《规定》明确规定的重点评查案件外，还可将捕后被判轻缓刑、不捕后判实刑、诉判不一等类型的案件纳入重点评查范围。在民事、行政检察案件中，可将提出再审检察建议未被改判的案件，对审判活动、执行活动中的违法行为提出纠正意见未被采纳的案件等纳入重点评查范围。在公益诉讼案件中，应将制发诉前检察建议后，到期未整改且未提起公益诉讼的案件和提起公益诉讼后，未获得法院支持的案件纳入重点评查案件。

此外，除重点评查案件外的已结案件，都应当属于常规抽查案件的范围。为优化常规抽查工作的开展效果，可重点关注六类案件作为常规抽查的案件，包括：一是检察官作出决定的审查逮捕、审查起诉案件；二是案件办理过程中，与侦查机关、审判机关分歧较大的案件；三是立案监督和撤案监督案件；四是对确有错误的刑事、民事、行政判决、裁定监督案件；五是对侦查活动、审判活动、执行活动监督的案件；六是公益诉讼案件。

（二）细化案件质量评查内容

《规定》对于案件质量评查的内容标准列明了九项，在《规定》基础上，可在事实认定、证据采信、法律适用、法律监督、办案程序、文书制作和适用、涉案财物处置、诉讼权利保障、系统使用、案件信息公开、释法说理和办案效果等方面，确定具体的标准要求。具体包括以下内容：

1. 事实认定方面，犯罪主体是否查证清楚；案件的犯罪事实、情节是否查证清楚，实施犯罪的时间、地点、手段、动机、目的、危害后果以及其他影响定罪量刑的事实、情节等主客观方面是否查明，上述客观方面是否均有合法证据予以证明；罪名、犯罪数额等认定是否准确。

2. 证据采信方面，收集调取证据的主体、程序、手段以及提供证据的主体、证据内容、证据表现形式是否符合法律规定，非法证据是否依法予以排除；与定罪量刑有关的情节是否查证清楚；据以定罪的证据之间是否存在矛盾或者矛盾能否合理排除；证据是否已经法定程序查证属实。

3. 法律适用方面，依据证据材料，认定罪名、适用法律是否准确；引用法律条文是否准确、完整；刑事诉讼法第 16 条规定的情形①

① 刑事诉讼法第 16 条规定："有下列情形之一的，不追究刑事责任，已经追究的，应当撤销案件，或者不起诉，或者终止审理，或者宣告无罪：（一）情节显著轻微、危害不大，不认为是犯罪的；（二）犯罪已过追诉时效期限的；（三）经特赦令免除刑罚的；（四）依照刑法告诉才处理的犯罪，没有告诉或者撤回告诉的；（五）犯罪嫌疑人、被告人死亡的；（六）其他法律规定免予追究刑事责任的。"

是否已经查清。

4. 法律监督方面，有无遗漏犯罪事实或者犯罪嫌疑人；是否存在应当发现监督线索而未发现的情形；是否存在应当移送监督线索而未移送的情形；线索受理后，开展办理工作是否规范、全面；是否存在应当提出监督意见而未提出，不应当提出监督意见而提出的情形；监督方式是否正确。

5. 办案程序方面，案件管辖是否符合规定；符合回避条件的人员是否依法回避；强制措施适用是否合法规范；讯问犯罪嫌疑人、询问证人、听取被害人和犯罪嫌疑人、被害人委托的人的意见是否依法规范；是否在规定办案期限内办结案件；办案环节审批手续是否完整齐备；是否符合办案程序的其他规定。

6. 文书制作和适用方面，法律文书、工作文书是否完整、齐全；文书结构和版式是否标准、规范内容书写是否完整、无误；是否表述清晰、逻辑严谨、层次分明、繁简适当、说理透彻、引述法律条文准确；文书审批手续是否符合相关规定；适用文书种类是否正确。

7. 涉案财物处置方面，涉案财物的查封、扣押、冻结是否符合程序规定，手续是否完备，文书是否规范；扣押的物品和款项是否按照有关规定及时交案件管理部门保管或者存入专门账户；对已查明与案件无关的财物，是否按照有关规定及时退还或者解除查封、扣押、冻结；在诉讼程序依法终结之前有无违反规定将涉案财物上缴国库或者作其他处理的情形，诉讼程序依法终结之后是否按照有关规定及时依法处理涉案财物；是否存在因不负责任造成涉案财物丢失、毁损、贪污、挪用、截留、私分、调换，以及违反规定使用涉案财物的情形。

8. 诉讼权利保障方面，是否依法告知当事人相关诉讼权利；是否依法答复当事人、辩护人、诉讼代理人，是否依法及时告知其重大程序性决定，是否依法保障律师的知情权、会见权、阅卷权、申请手机调取证据权等；是否依法听取辩护人、被害人及其诉讼代理人、近亲属意见；是否依法向诉讼参与人送达法律文书；是否按照有关规定保障诉讼参与人的其他诉讼权利。

9. 系统使用方面，案卡内容填录是否规范、准确；应当上传系统的文书是否全部上传；系统中应当生成的问题数是否全部生成。

10. 案件信息公开方面，案件程序性信息是否应当公开而未公开，不应当公开而公开；终结性法律文书是否应当公开而未公开，不应当公开而公开；案件信息公开是否及时操作；是否符合案件信息公开的规范要求。

11. 释法说理方面，制作法律文书是否释法说理；是否及时有效开展释法说理。

12. 办案效果方面，是否依法规范开展风险评估；风险评估意见是否有针对性；对存在的办案风险是否有相应的防范工作预案；对出现的问题是否及时有效地应对处置。

检察机关办案部门自我管理机制研究

李晓波*

目　次

* 李晓波，山西省晋城市人民检察院党组书记、检察长。

（三）弄明白“怎么管”

（四）建立监督制约机制

四、加强办案部门自我管理应当处理好几个关系

（一）业务管理、案件管理、质量管理的关系

（二）办案部门自我管理和案件管理部门专门管理的关系

（三）办案部门自我管理和院领导、检察委员会宏观管理的关系

（四）案件办理和案件管理的关系

（五）管案和管人的关系

应勇检察长强调，要完整准确全面贯彻新发展理念，切实把检察管理从简单的数据管理转向更加注重业务管理、案件管理、质量管理上来。在一体抓实“三个管理”过程中办案部门有着重要作用，必须通过加强自我管理认真执行落实业务管理、案件管理、质量管理的各项要求、措施，以扎实有效的办案部门自我管理夯实高水平检察管理基础，保障检察权公正、规范、高效、廉洁运行。

一、 加强办案部门自我管理的必要性

（一）加强办案部门自我管理，是夯实检察管理基础，扎实推进“三个管理”的应有之义

作为办案和检察业务开展的主阵地，办案部门一方面担负着贯彻落实检察长和检察委员会对业务管理、案件管理、质量管理的宏观指导和决策部署的重任，另一方面与案件管理部门同频发力、互相配合，以加强源头管理、过程监控、文书审核、案件检查评查等内部监督制约机制为抓手，通过个案不断强化业务管理、案件管理、质量管理。《最高人民检察院关于加快推进新时代检察业务管

理现代化的意见》明确指出，办案部门自我管理是整个检察业务管理的基础。基础不牢、地动山摇。“三个管理”的各项措施、要求和目标，最终都要通过办案部门在个案办理的过程中来实现。高水平的办案部门自我管理，能够及时有效落实这些管理要求和措施，推动实现“高质效办好每一个案件”。反之，松散低效的自我管理，很难将这些管理要求和措施落实到位，甚至造成办案质效不高、业务进展缓慢等一系列问题。

（二）加强办案部门自我管理，是落实和完善司法责任制的必然要求

最高检明确指出，“三个管理”的核心是高质效办好每一个案件，主线是落实和完善司法责任制。落实和完善司法责任制，首先要做到有序放权和有效监督相统一。作为办案和管理的双重主体，办案部门负责人对本部门和本业务条线的管理、主办检察官对办案组的管理、独任检察官对办案团队的管理，正是在有序放权的同时强化内部监督制约机制的必然要求。只有加强办案部门自我管理，才能及时发现和纠正办案中存在的问题，督促检察人员全面准确履行检察官权力清单，始终做到严格依法办案、公正司法。

（三）加强办案部门自我管理，是做实“高质效办好每一个案件”的重要保障

“高质效办好每一个案件”是新时代新征程检察机关履职办案的基本价值追求，是“三个管理”的核心，是努力让人民群众在每一个司法案件中感受到公平正义的实现路径。办案部门作为管理检察官司法办案的基本单元，处于加强业务管理、案件管理、质量管理的前沿哨所，只有充分发挥这个基本单元的管理作用，真正寓管理于办案，边办案边管理，才能在第一时间发现检察官在做实“三

个善于”上存在的不足以及在司法办案中出现的问题，及时纠正偏差、引导检察官积极转变思维方式、不断优化办案方式，坚持一体履职、综合履职，真正将“高质效办好每一个案件”落到实处，努力让人民群众在每一个司法案件中感受到公平正义。

二、 当前办案部门自我管理存在的问题

（一）对办案部门自我管理的重要性认识不足，重办案轻管理

在检察管理实践中，有的办案部门和办案人员对检察业务管理的体系、构架缺乏认识，对办案部门自我管理在扎实推进“三个管理”中的作用缺少思考，没有从根本上弄清办案与管理的关系，忽视了高质效办案对高水平管理的需求，也就没有从思想上厘清“为什么管”，导致重办案轻管理的问题在办案部门普遍存在。突出表现在：有的办案部门一提到业务管理、案件管理就认为是案件管理部门的主责主业，办案部门办好案即可，对本部门司法办案尤其是重点办案类型、重点办案领域存在什么问题不注意总结，对业务发展需要如何纠偏缺乏深入思考；有的办案部门认为，在司法体制改革背景下，检察官都是独立办案主体，对案件有独立决定权，忽视了放权同时有效监督的必要性，部门负责人对应当审核的案件不审核，检察官则对应当汇报的案件不汇报；等等。正是因为对办案部门自我管理重要性认识不足，自我管理存在乏力甚至缺位的问题，导致部分办案部门办案质效不高、工作成效不明显，与“高质效办好每一个案件”还有不小差距。

（二）对办案部门自我管理的系统性认识不清，管理效能不高

办案部门自我管理是一项系统工作，只理解“为什么管”不够，还必须弄清楚“谁来管”“管什么”和“怎么管”。实践中，

部分办案部门虽然有较强的自我管理意识，但对“谁来管”“管什么”和“怎么管”并没有清晰认识，导致管而不准、管而不佳的问题时有发生。突出表现在：有的办案部门将自我管理简单等同于管好个案和纪律，对检察业务整体推进缺乏科学细致的规划；有的办案部门只注重对案件事实认定、证据采信、法律适用等实体问题的把关，忽视了案件办理过程的管理，导致办案程序、文书质量存在较多瑕疵，履行诉讼监督职责、参与社会治理等不尽如人意；有的办案部门是负责人事无巨细独撑管理，检察官、办案组只管办案不问其他，没有形成全员、全程管理氛围，管理效果事倍功半；等等。正是因为对自我管理缺乏系统认识，对管理主体、管理内容界定不清，部分办案部门在自我管理中出现无序、低效甚至无用的问题，对扎实推进“三个管理”势必带来影响。

三、加强办案部门自我管理的实现路径

（一）弄清楚“谁来管”

办案部门负责本部门、本条线办案质效监督管理和检察业务各项规划及措施的组织实施，部门负责人是本部门、本条线检察管理第一责任人，但检察业务的规划部署、整体推进、个案办理等都需要独任检察官带领的办案团队和主办检察官带领的办案组来具体落实。所以，办案部门自我管理就形成了办案部门负责人对本部门、本条线的管理，主办检察官对办案组的管理和独任检察官对办案团队的管理三个层级。办案部门负责人、主办检察官和独任检察官是不同层级的管理主体，同时也是司法办案的主体，承担了管理和办案双重责任。

（二）弄准确“管什么”

部门负责人与普通检察官相比，有着承上启下的作用，其管理

内容相对宏观，主要负责部署、组织、引导、监督等。主要包括：一是规划业务发展。要注重分析研判本部门、本条线重点案件类型、重点办案领域、重要业务运行态势，敏感捕捉异常情况，及时研究改进举措。二是抓好案件管理。包括抓好案件受理源头管理、办理过程管理，质量管理、数据管理、风险管理、探索建立案件质量自查和检查机制等。重点要管好重大、复杂、敏感、疑难、法律适用有重大分歧等案件，及时审核、上报，必要时组织召开检察官联席会议，或提请召开检委会。三是抓好综合履职。通过总结本部门、本条线办案中反映的深层次治理问题和监督线索，引导检察人员树立类案监督和综合履职意识，立足主责主业，恪守职能边界，应用好相关法律监督模型，有效扩大依职权监督和主动发现案件的比例。四是抓好类案办理和个案指导。定期总结本部门案件本地公检法三机关存在较大认识差异的类案情况，主动与公安、法院沟通，统一认识，发布类案办案指引，在法律框架内统一本地区案件办理标准。对下级院请示的个案，要认真审核，提出明确意见。五是抓好团队建设。加强本部门、本条线检察人员思想教育、技能培训、岗位练兵等人才培养规划，引导检察人员主动强化一体履职、综合履职意识，不断优化办案方式，努力做到“三个善于”，真正做实“高质效办好每一个案件”。在比学赶超的良好氛围中，不断培育典型案例，推出过硬检察品牌，为人民群众提供更多更优的检察产品。

主办检察官、独任检察官的管理主要是案件办理过程中实施的管理，针对的是个案，属于微观层面的管理。主要包括：一是管好案件质量。及时规范制作文书，准确作出案件处理结论，及时发现法律监督线索，做好移送和办理工作，重视案卡填录，守好案件质量这一检察办案的生命线。二是严守办案程序。严格按照法定程序办理案件，合理安排办案进度，全面、全程、规范使用检察业务应用系统，规范开展检察听证，以程序公正保障实体公正。三是提升办案效果。坚持全过程矛盾化解，关注案件反映出的深层次问题，有效推动社会治理，真正将“高质效办好每一个案件”的价值追求落到实处，培育总结出典型案例和经验做法。四是主动报请审核。对承办的重大、热点、敏感案件，犯罪嫌疑人不认罪、律师作无罪辩护、改变侦查机关定性、事实等案件，以及司法认识不统一案件，及时向部门负责人报告提请研究，研判案件办理及处理可能引发的风险。五是管好办案团队。独任检察官要加强对检察辅助人员的管理，指挥检察辅助人员参与案件办理，承担指导、审核和最终责任。主办检察官要加强对办案组的管理，组织、指挥、协调办案组成员开展案件办理工作，并对办案组成员办案行为承担指导、审核、监督责任。

（三）弄明白“怎么管”

不同的管理模式产生的管理效果也不尽相同，只有选择科学、适合的管理路径才可能实现事半功倍的管理效果。着重应用好以下管理措施：一是明确工作目标，做好跟踪督促。制定明确的工作目标和措施，分解到人，提出完成要求、时限，形成人人头上有目标，个个身上有责任的清晰有序的工作状态。同时要及时了解工作进度，关注异常情况，随时研究解决工作措施落实过程中遇到的新问题新困惑。二是坚持网上巡查，做好日常管理。部门负责人要通过检察业务应用系统不定期查看本部门案件文书制作、案卡填录、办案流程，在系统中对作出终局性决定的法律文书进行审核等，早发现早提醒检察官案件办理中存在的问题，避免案件“带病出院”。三是关注重点案件，做好相关审核。部门负责人要通过听取汇报、查看系统，对重大、敏感、复杂、疑难等案件以及重点领域案件证据、事实、法律适用等进行审核，做好案件上报工作。四是严格对照审视，做好案件自查。案件办结前，主办检察官、独任检察官要认真回头审视案件办理过程，逐一检查案件事实、证据、适用法律有无错漏，法律文书是否规范齐全，犯罪嫌疑人有无羁押必要，有无遗漏综合履职线索，案卡填录是否准确等，全面把好案件质量关。五是强化问题意识，做好质量检查。案件归档前，办案部门自行组织质量检查或协同案件管理部门共同进行案件评查，重点找出办案中存在的问题，并解决问题。六是开展类案管理，做好业务纠偏。定期分析研判类案办理情况，发现、总结倾向性、苗头性问题，针对性开展指导、规范，实现办案和管理并重。七是重视思想教育，做好行为引导。要注意了解部门成员的思想动态，发现问题及时提醒、纠正，发现重大违法违规问题及时上报。主办检察官、独任检察官在做好自我约束的同时，也要做好团队成员教育引导工作。

（四）建立监督制约机制

在明确“谁来管”“管什么”“怎么管”后，必须辅之相应的监督制约机制形成管理闭环，真正实现加强办案部门自我管理。

一是建立办案部门自我管理责任清单。进一步细化、明确办案部门负责人、主办检察官、独任检察官在检察管理中的具体责任，引导各层级管理主体全面准确进行业务管理、案件管理和质量管理，有效提高管理效能。二是建立履职评价机制。由分管院领导结合所分管办案部门检察业务整体运行情况、典型案例、工作亮点等，对部门负责人给予明确评价。部门负责人结合检察官及其团队办案质效和对本部门、本条线检察业务发展贡献度，对检察官给予明确评价。将评价结果计入年终检察官业绩考核成绩，作为评优评奖、职务职级晋升的重要依据之一。三是建立责任追究机制。通过明确部门负责人、主办检察官、独任检察官在履行管理职责中，如果有重大过失、怠于履行或不正确履行管理责任清单规定的职责，造成什么后果给予何种处分，提醒、督促办案部门负责人、检察官依职权履行管理职责，推动实现有序高效的办案部门自我管理，进一步促进检察管理科学水平的提升。

四、加强办案部门自我管理应当处理好几个关系

（一）业务管理、案件管理、质量管理的关系

“三个管理”既各有侧重，又相互关联。相较于案件管理、质量管理，业务管理更为宏观，主要是通过对检察业务、检察工作的趋势、规律、特点等进行研究，加强业务指导，服务科学决策。检察机关的检察产品就是案件，检察机关的司法理念、司法办案能力、司法办案效果等都要通过案件办理来体现，所以，案件管理必然是检察业务管理的重中之重。无论是更为宏观的业务管理，还是相对具体的案件管理，都必须通过一系列措施把好质量关口，质量管理就成为业务管理、案件管理的有力手段。

（二）办案部门自我管理和案件管理部门专门管理的关系

办案部门自我管理和案件管理部门专门管理都是检察业务管理组织体系的重要组成部分，办案部门自我管理是基础，案件管理部门专门管理是枢纽，二者在抓实“三个管理”中应该是协作配合关系。一方面，案件管理部门通过办案流程监控、案件质量评查、数据核查等手段对案件办理进行监督，发现并提醒办案部门反向审视存在的问题，采取有效措施予以解决，共同推进“高质效办好每一个案件”。另一方面，案件管理部门通过采集比对办案部门业务数据，综合研判办案部门重点案件办理情况、重点办案领域工作开展情况和重点业务运行情况，与办案部门共同推进业务管理、案件管

理和质量管理。

（三）办案部门自我管理和院领导、检察委员会宏观管理的关系

检察长和检察委员会的宏观管理位于检察管理体系的统领地位，主要是通过对一个地区、一个条线重点案件类型、重点办案领域、重要业务态势的分析研判，发现检察业务开展中存在的整体性、趋势性、苗头性、异常性问题，进而对业务管理、案件管理和质量管理进行指导、决策和部署。办案部门自我管理是在检察长和检察委员会的宏观管理领导之下的微观管理，是以个案办理为基础，在管理个案过程中将宏观管理的指导、决策和部署在本部门、本条线不折不扣的贯彻落实，并注意分析、总结实践过程中遇到的各种情况和问题，及时向上反馈，更好推进检察业务管理、案件管理和质量管理。

（四）案件办理和案件管理的关系

高质效的案件办理离不开高水平的案件管理。案件办理和案件管理相互依赖、相互作用、相互促进，共同构成了检察业务工作的基础框架。案件办理是基础、是根本，案件管理是手段、是保障。不能脱离案件办理抓案件管理，要通过扎实有效的案件管理，规范案件办理，引导检察人员不断优化办案方式，自觉做好一体履职、综合履职，竭尽所能高质效办好每一个案件。要充分认识案件办理需要案件管理，放权离不开监督，只有在监督状态下的有序办理，才能最大限度实现规范、公正、高质、高效的办理效果。要把案件管理与办理摆到同等重要位置，办理中有管理，管理促进办理，管理保障办理。

（五）管案和管人的关系

案件是由检察官来办理，案件质量最终取决于检察官，所以，无论是业务管理、案件管理还是质量管理，归根结底离不开对检察人员的管理。在检察管理中，应当将管案与管人相结合，一方面，通过建立全流程的监督、纠错、追溯、问责机制，辅之考核评价、评优评先、选拔任用等措施，促使检察人员自觉养成严格依法办案、公正司法、综合履职的良好意识和办案习惯，在管人中助力办案质效的提升。另一方面，通过加强对案件办理的源头管理、过程监控、文书评比、质量评查等措施，有效激发检察人员工作责任心，不断提高办案技能和专业水准，在管案中促进人员素质的提升，实现管案与管人齐头并进。

以高质效流程监控赋能高质效检察办案的探索与实践

张庆培　陈　迪　陈志畅*

目　次

* 张庆培，湖北省公安县人民检察院党组副书记、副检察长；陈迪，湖北省公安县人民检察院第六检察部主任；陈志畅，湖北省公安县人民检察院第六检察部书记员。

（二）拓展监控范围，狠抓检察办案质效

（三）强化分析研判，着力促进社会治理

一、推进高质效流程监控的价值与意义

随着司法体制改革不断深化，检察机关内部监督的重要性日益凸显。为进一步规范检察权运行、增强司法公信力，首先要深刻认识到流程监控对构建和完善检察机关内部监督制约机制体系的深远意义。

（一）高质效流程监控是健全检察业务管控体系的关键之举

应勇检察长指出，案件管理是检察管理的一个重要组成部分，是确保高质效办好每一个案件的重要抓手，关键要科学、有效。这给检察机关提出了以高质效案件管理服务保障检察业务工作高质效发展的新要求。为积极适应这一形势，案件管理部门必须构建以案件办理各环节、全过程为对象的业务管控体系，在充分遵从司法办案规律、尊重检察官办案自主权、尊重本地区办案实际的基础上，通过深入开展流程监控工作，对司法办案活动进行全面、实时、动态监督、提示和引导，及时发现并纠正在办案期限、文书制作、强制措施适用、涉案财物处置、诉讼权利保障等方面存在的不规范问题，推动办案程序更加规范、办案结果更加精准、办案质效更加优良，为完善检察权运行内部监督制约机制夯实基础。

（二）高质效流程监控是落实案管监督服务职责的现实需要

全国检察机关第二次案件管理工作会议明确了当前和今后一个时期高质效案件管理的工作思路，指出要重点做好监督和服务两项主责。就监督职能而言，具体包括对办案的实体监督、对办案的程

序监督以及对办案数据的监督，而流程监控作为程序监督，对实体监督和办案数据的监督均有带动和保障作用。一方面，案管部门通过开展流程监控，对案件受理至案件办结的整个过程精准有效开展监督管理的同时，严格把控案卡信息填录质量，既能及时纠正司法不规范问题，又能保证检察业务数据准确无误，为数据质量管理提供基础和保障。另一方面，围绕流程监控工作中常见、多发问题进行梳理和分析，为案件质量评查提供更加明晰的方向，确保对办案的实体监督有的放矢、质效并举。

（三）高质效流程监控是赋能数字案管提档升级的客观条件

最高人民检察院《“十四五”时期检察工作发展规划》要求，推进智慧检务工程建设，加强大数据、人工智能、区块链等新技术应用。持续优化流程办案、辅助办案、数据应用和知识服务功能，提升检察工作智能化水平。全国检察业务应用系统应用以来，检察办案实现全业务网上办理、全过程信息留痕，系统对办案环节的流程指引和相关预警，彻底扭转了办案程序规范性以承办人主观评价为基础的局面，为流程监控覆盖到每一起案件、每一个环节提供了强大的技术和平台支撑。而随着案件管理工作的精细化发展，流程监控的范围不断拓展，监控细节持续优化，监控点位更加精准，倒逼办案系统改造升级，尤其是检察业务应用系统 2.0 全面上线运行后，“数检通”“湖北省检察机关办案质量监控系统”等诸多成熟的流程监控软件嵌入其中，以智能化助力更高水平的案件全流程监控，一定程度上推动了“数字案管”建设进程。

二、落实高质效流程监控的困境与短板

流程监控作为检察机关对案件集中统一监督管理的基本职能，对于基层院而言，在提高办案质效的适用过程中面临着一些困境和

短板。

（一）内生动力不足，制约流程监控工作的实质化开展

1. 工作理念转变不够。整体性理念欠缺，监控工作中经验判断思维和个案监管思维仍然存在，依靠数据手段发现问题的能力较弱，对数据整体把握、系统思考、综合运用的能力不强。比如，部分监控工作系从经验出发预判风险点，发现办案中的问题，过程具有一定的随机性、偶然性①。服务意识不强，存在重监督、轻服务的现象。又如，注重发挥流程监控对检察办案的监督管理，以及对检察官依法规范办案的引导作用，忽视了通过工作提示、专题讲座以及面对面交流等方式，让检察官先了解案件管理部门的监督管理重点和依据，来实现事前预防的效果。

2. 流程监控队伍建设不强。流程监控作为强化案件办理过程控制的重要途径，专业性较强，岗位要求高，这对监管人员的业务能力和管理能力提出了新标准、新要求。面对基层院人少案多的矛盾，拥有法律资质的人才不断往办案部门聚集，案管部门“一人多岗”“一岗多能”问题突出，加之缺乏有办案经验的检察人员，流程监控工作实际上由书记员负责，难以做到高质效、求极致。

3. 流程监控与案件管理其他职能融合度不高。案件管理部门在履职过程中重视流程监控的监督纠正作用，忽视案件质量评查的实体监管以及业务态势分析研判的宏观监管作用。也就是说，在开展案件管理工作中，一方面，对办结案件的证据适用、法律定性等问题的管理有所欠缺；另一方面，用检察业务数据服务领导精准决策、指挥和管理的参谋助手作用发挥不充分。总而言之，此种重程

---

① 何静、侯烨、陈奥琳：《监控规则的智能化转化路径探析》，载《检察日报》2024年5月22日第11版。

序管理、轻实体管理，重微观个案、轻宏观态势的现象，有悖于流程监控与案件管理其他职能的有机统一。

（二）自身延展性不够，制约流程监控工作的精细化开展

1. 监控触角延伸不均。根据最高人民检察院《人民检察院案件流程监控工作规定（试行）》，流程监控工作应涵盖所有案件类别和环节。但就目前流程监控工作实际而言，仍存在“重刑轻民行公”的监管惯性，以及因监控人员自身素能所限导致的履职不全、管理偏科等问题。比如，针对民事、行政、公益诉讼案件的流程监控规则虽较为完善，但监控人员的主要精力仍放在刑事检察案件上，民事、行政、公益诉讼案件则更多依靠智能监控，这种监管格局不利于“四大检察”全面均衡发展。

2. 监控挖掘深度不够。随着基层检察机关办案量逐年上升，流程监控工作点多线长面广的特点日益凸显，为避免监督死角，流程监控工作重心集中在个案上，部分监控人员致力于提醒纠正文书制作、案卡填录、办案时限等浅表性、枝节性问题，对退回补充侦查、延长审查起诉期限等重点办案环节监控不充分，加之对普遍性、倾向性问题的综合分析不够，个案监督的累计难以实现量变到质变的深层次突破，这种“监督有余”“参谋服务不足”的现状与案管部门“业务枢纽”的职能定位存在差距。

3. 监控时效性不强。流程监控的理想状态为通过对在办案件进行实时监控来确保监督问题同步纠正，但若将其作为事后纠偏手段，那么纠正错误的时间便滞后于问题发生的时间，也就是说部分办案不规范问题在案件已办结时才被发现。当案件已经办结、文书已经向当事人或者涉案单位发出时，对不规范办案行为的纠正已难以追溯。

（三）外部支撑力不强，制约流程监控工作的高效化开展

1. 流程监控智能化支撑不足。在“数字检察”“智慧案管”大背景下，检务小助手、数检通等监督工具对案件核查、分析统计等工作效率的提升起到了极大的帮助作用，但因2.0系统功能不完善，在一定程度上影响了流程监控工作效率。比如，人工审核发现问题后通过“案管业务”下的“流程监控案件筛选”创建流程监控案件，智能巡查发现问题在“待办监控”中创建案件，但在结案审核页面则无法创建新案件，仍需返回到“流程监控案件筛选”页面来创建案件；又如，承办人反馈整改情况后，系统无提示信息，需监控员自行点击案件详情予以查看了解，这两种情况均增加了监控人员的工作量。

2. 监控工作与办案工作衔接不畅。因各部门的条线性特征不同，当案管部门与业务部门的工作要求不一致时，会导致流程监控工作规定与司法办案实际出现分歧，此种情况下无论是口头还是书面提醒都难以得到业务部门的理解和支持，这在一定程度上影响了流程监控工作的权威性。比如，在部分立案监督案件中，承办人向公安机关制发《要求说明立案理由通知书》，公安机关主动撤案后，承办部门未制作《立案监督案件审查意见书》，其上级业务条线对此予以认可，但这与流程监控工作要求是相冲突的。

3. 监控刚性约束不足。一方面，基层检察机关在实际工作中虽已建立流程监控常态化通报机制、同步移送检务督察协作机制和业绩考评量化运用机制等系列配套工作机制，但因同级通报难以引起重视，“一发了之”的现象依然存在。另一方面，为防止负面评价打击承办检察官工作积极性，通报结果对评优评先、职级晋升、绩效奖金分配等事项的影响较小，换言之，内部监督结果在推动问题整改方面发挥的作用有限。

三、 构建高质效流程监控的探索与实践

为有效改善流程监控浅表化局面，及时发现和纠正具体办案中存在的问题，促进公平正义在程序上更好更快实现，基层检察机关应紧密结合工作实际进行实质化探索，持续优化流程监控方式。

（一）前移监控端口，及时发现监督线索

善用受案审查发现监督线索，案管部门应牢固树立检察一体化履职理念，充分利用受案审核的前端优势，对发现的监督线索进行分析、筛查后及时向相关部门移送，保障监督线索移送的时效性。落实监督线索跟踪督办机制，及时提醒承办检察官履行监督职责，并对线索办理情况及时掌握，与业务部门共同提升监督线索的成案率，为检察机关法律监督高质量一体化建设贡献案管力量。

例如，王某某、罗某某涉嫌掩饰、隐瞒犯罪所得案的流程监控案：案管部门在受案审核时发现，卷宗内的《立案决定书》载明内容为“决定对邓某某涉嫌系列盗窃案立案侦查”，而邓某某涉嫌盗窃案在此之前已经办结，两案虽有牵连，但不属于共同犯罪，需要重新立案，遂将立案监督线索予以登记后移送给刑检部门。承办检察官经与公安机关沟通，核实确系公安机关未予立案，遂向公安机关制发《要求说明不立案理由通知书》。四日后，公安机关对王某某、罗某某涉嫌掩饰、隐瞒犯罪所得案予以立案。该案中，案管部门以案件受理审查流转工作为契机，及时发现侦查活动中的违法问题，提醒指引承办检察官依法、规范、及时履行诉讼监督职责，推动在监督效果上形成叠加效应和聚合效应。

（二）拓展监控范围，狠抓检察办案质效

持续加强对法律文书的监管，将送案审核和流程监控有机结

合，并通过通报“揭短”“亮丑”等方式倒逼承办检察官以优秀法律文书评选活动为契机，不断提高文书质量和案件办理质量。紧盯重点工作机制的落实，围绕上级检察机关部署的专项工作，对涉市场主体案件、诉讼监督案件以及故意伤害、盗窃、交通肇事等有被害人的“三类特殊案件”进行重点流程监控，对案卡填录信息的准确性，风险研判、“两卡、三纲”（两卡为《沟通联系卡》《检察官履职清单提示卡》；三纲为办理故意伤害、盗窃、交通肇事这三类特殊案件开展询问、听取意见、接待谈话等工作的提纲）等工作机制落实情况进行核查，及时提醒纠正数据填录失真、文书回传不及时、风险研判不充分等问题，促进办案质效提升。

例如，毛某某交通肇事案的流程监控案：案管部门在进行日常流程监控时发现，该案的文书卷宗区未见“两卡、三纲”的相关文书及材料，随即对开展“两卡、三纲”工作以来的案件进行全面核查，另发现2件案件存在此类问题。案管部门与上述3件案件的承办检察官进行沟通，核实系已开展相关工作但未及时上传文书所致，遂发出《流程监控通知书》，督促承办检察官及时整改和反馈。该案中，案管部门以贯彻落实“以政治说办案、讲工作”机制为契机，依托部门例会、支部会以及全院干警大会，深入学习《关于在办理故意伤害、盗窃、交通肇事刑事案件中试行“两卡、三纲”工作机制的通知》以及“检察护企”“检护民生”“检察护绿”“检促治理”等专项工作文件，将上级院工作部署纳入案管流程监控要点，确保将上级院工作要求贯穿于检察办案工作始终。

（三）强化分析研判，着力促进社会治理

坚持“在业务管理中抓业务指导、在业务指导中加强业务管理”，紧紧围绕检察机关办案和流程监控工作要点实际，简化梳理系统应用、案卡填录中的常见、多发问题，并对趋势性问题进行分

析研判，供承办检察官参考借鉴。完善“月度分析 + 专题分析 + 联动分析”工作机制，结合流程监控中发现的突出问题，主动邀请刑检、执检、民行、控申等业务部门，协同参与专题分析研判，并结合分析研判情况积极向业务部门移送检察建议类线索，以促进检察业务治理。

例如，柳某某盗窃案：案管部门在受理审查时发现，柳某某犯盗窃罪时仍处于缓刑考察期内，属于考核期再犯罪人员，一方面，及时将该监督线索移送给刑检部门，监督刑检部门与执检部门派员提前介入，在向公安机关提出补充侦查意见的同时，依法监督司法局向原判法院提请撤销缓刑，将柳某某收监执行；另一方面，联合刑检及执检部门，针对已受理案件中存在缓刑期间再次违法犯罪的情况进行梳理和分析，另筛查出 8 起类似案件，遂将专题分析研判报告予以移送，执检部门据此依法向司法局制发检察建议，督促其建立有效监管机制，进一步提升社矫质效。该案中，案管部门结合流程监控，延伸做实从个案受理到类案分析、从类案监督再到社会治理的办案链条，注重透过案件背后的原因，从制度机制上找漏洞，促进社会治理协同共治。

检察业务数据集成化、智能化、高效化运行路径探究

苗　蕾　郭瑞杰*

目　次

* 苗蕾，河南省卢氏县人民检察院案管办负责人；郭瑞杰，河南省三门峡市陕州区人民检察综合业务部副主任。

（三）强化案件关联，以互联式、反查式、集中式方式，不断提升案件关联性

（四）提升智能化水平，以科技助力案管工作智慧化、现代化

案管工作信息化依托信息化系统，在充分、深度运用大数据集成运用的前提下，最大限度释放数据要素价值，倒逼检察数据更加精确、检察管理更加科学、检察办案更加公正、检察服务更加精准，其根本目的是赋能检察机关法律监督，推进检察工作现代化。

近年来，新时代人工智能、大数据、物联网等技术发展速度之快、辐射范围之广、影响程度之深前所未有，也为新时代案管工作带来新的发展机遇，在激发数据对监督工作放大、叠加、倍增作用的同时，让检察数据被动化、碎片化、呆板化等瓶颈问题有了新的"破解之道"。本文以案管工作新发展为前瞻，浅谈如何实现检察业务数据集成化、智能化、高效化运行，为检察业务高质量发展铺就信息化"高速公路"。

一、新时代背景下案件管理工作如何高效实现"开题破局"

科学的理念能为案管工作的创新和发展提供正确的指引，也是有效打破现有局面，实现案管工作数字化发展的重要一环。最高检提出的科学管理、能动管理、智能管理理念，是新时代检察理念在案管工作中的具体体现，是抓好新时代案件管理工作的思想根基。案件管理部门在运用智能化手段开展监督管理时，要善于把信息化管理的精准化、高效化优势与人工管理的灵活性、能动性特点有机结合起来，深化科技赋能，打破现有发展瓶颈，以"信息革命"驱

动新时代案管工作整体提质增效。

一是强化案件质量监督。案件质量是检察监督办案的生命线。案管部门在实际工作中，要充分发挥好分析员及监督员双重职责，切实抓好数据的科学运用，发挥案管工作新质生产力。一方面，要加强对核心、重点数据的分析运用，有针对性地找差距、补短板、强弱项。另一方面，也要重视各项数据的综合协同作用。要把监督管理作为立身之本，加强对司法办案的程序监督、实体监督和数据监督，努力把监督管理做成强项、做成精品，凡事想在前、预在前、做在前，最大限度服务院领导决策。

二是强化办案质效分析研判。办案质效分析研判是检察长掌握检察业务总体运行的重要“情报源”，既是科学决策、指导检察业务开展的重要抓手，也是推动案管工作实现由个案管理向业务治理提升、由案件管理的“专科医生”向检察业务的“全科医生”升级、由案管部门“小管理”向检察机关“大管理”转化的重要举措。以往业务数据是分散的，孤立地去看很难掌握整体工作态势，而当前通过检察业务应用系统进行比对分析数据，就可以多角度、全方位地对工作进行评价，案管部门要把办案质效分析研判作为一项硬任务抓实抓好，不仅要精准发现问题、剖析产生问题的原因，提出解决问题、改进工作的对策措施，还要抓好跟踪、督促落实，深度挖掘检察业务数据，注重做好分析研判“后半篇文章”，对发现的问题及时拉响预警，切实引领检察业务高质量发展。

三是强化业务监管能力。案件管理部门作为专门的业务监管部门，通过流程监控、案件质量评查等多途径强化案件质量监督，掌握办案质量情况，为检察长提供业务条线案件质量基础信息。案件管理部门强化流程监控的意义在于对办案模式落实情况进行监督，促进检察权运行新机制的构建与完善；对办案模式运行情况进行监控，通过办案流程信息、数据提取、比对，运行模式评估情况，为制定规范的办案流程标准掌握重要参数①。而程序监督作为业务监督管理的重要内容，只有不断健全案件统一受理、流转、结案审查等工作机制，完善常态化流程监控预警、提醒和定期通报制度，严把案件进出口关，才能更好地把问题解决在案件办结前，不断提升监控实效，提升办案质效。

二、新时代背景下业务数据集成化运行存在的问题与困难

案管部门信息化管理水平与实际工作需求不相匹配，检察业务运行对案件管理部门的监督职能及管理现代化水平提出了更高的要求。但是目前，由于多种原因，案件管理部门信息化、智能化水平较为落后，数据集成化发展较为缓慢。数据管理分散、业务数据资源的及时高效、务实准确、广度深度还有待进一步提升。

（一）业务数据海量化、滞后化，无法真正实现高效运行

随着检察业务信息化的推进，海量检察数据呈指数级增长，大数据时代正向检察机关迎面走来，但是业务系统中流程办案、审批过程、文书制作等大量案件信息存储在生产库，生产库的案件信息不直接产生统计子系统的基础表数据，需要从业务系统的生产库向统计子系统的统计库传递相关案件信息，这就导致数据产生与数据需求之间形成时间差，进而直接影响业务数据提取的及时性，湮灭业务数据的高效性，不能及时有效反映案件信息。

一是业务数据更新传输不及时。业务数据收集的准确高效，需要业务数据填录真实、及时传输更新，但当前非实时的数据传输方

① 参见中国军：《“智慧案管”体系建设与实施路径》，载《人民检察》2021 年第 Z1 期。

式仍无法满足现阶段数据及时获取的现实需求，数据获取仍存在一定的滞后性。目前，业务数据修改传输存在一定的时间差，无法呈现出立行整改、实时更新的全流程，往往需要系统提示、人工审核的方式进行再次核查，导致部分数据即使发现错误，也无法通过及时修正的方式真实准确地反映在系统报表中，尤其是针对报表锁定之前以及跨周期时间段的业务数据，发现错误后，尽管及时修正，也无法当下改变之前数据错误的不良影响，报表的定期锁定开放仍在一定程度上致使部分错误业务数据无法及时得以修正，卡表不一致现象仍然无法消除，导致数据统计失真①，部分数据仍然无法真实反映案卡实际填录情况，给检察数据统计及办案工作带来诸多不便。

二是业务数据传递审核不及时。大数据技术本身作为“工具”，在司法办案过程中倒逼案卡填录规范化，以准确反映业务数据质量，来综合评判业务数据运行。但对于当前繁杂的业务数据，数据审核依然停留在人工操作阶段，仍需通过统计子系统中的“案件信息变更待审核”“案件信息规范性验证结果”“审核基础表”等功能进行审核，甚至对于重点数据仍需对照审核要点，按照审核规则逐项对比，不仅占用了大量的时间，也浪费了大量的精力。且当前数据审核方式仍属于事后监督范畴，未能真正实现审核监督前置化、流水线化、全流程化，案管监督“四驱”联动、全程联动效果不佳，部分审核内容事后经修正后，仍需等到报表释放以后才能如实反映检察办案实际，卡表不一致，实际办案进程与报表不一致等现象时有发生，发现、审核、更新不及时等多种原因直接导致数据时效性、真实性难以实时体现。

① 参见吴孟栓：《案管部门立足“中枢”定位提升工作质效的新思路》，载《人民检察》2022 年第 12 期。

（二）业务数据案卡设置单一化、固定化，无法真正体现司法需求

现行检察业务系统的案卡设置，基本是同一类别案件，案卡设置模式一致，缺乏特殊案件的特性案卡设置，有些是非必填项，加之承办人迟填、乱填、漏填、错填等不规范填录案件信息，导致业务数据抓取、专项业务分析研判时基础不牢、分析成果指向性存在偏差，无法为检察决策提供真实科学的依据。

一是案卡设置千篇一律。当前案件案卡设置虽然已经能覆盖全部案件填录需求，但是在数据生产时效性以及特殊性上无法反映不同案件之间的特性，在数据收集、业务分析时仍存在诸多不便，数据统计及时性与时效性不足。例如，疫情期间涉疫案件办理，是先有案件，后有统计案卡设置，致使部分案件办结以后需要补录案卡。

二是案卡设置“一成不变”。案卡设置的“一成不变”，当前应理解为固定案卡的不可修改性，均为统一模板，承办人在案件办理过程中只需要根据案件办理情况，及时选择填录，但是在实际案件办理及操作过程中，缺乏契合性及延伸性，无法及时体现出案件的关联特性，没有具体的可操作类案卡自主设计模块，甚至有的案件属性无法正常体现。如危险驾驶类案件，根据现有案卡设计，在进行社会治理类专项分析报告撰写抽取相关数据时，并无法及时反映出行驶道路、隔夜酒驾、行驶车辆类型、是否逃避检查等特殊情形，想要统计该类案件上述相关数据，往往需要逐案查找，数据运用比较死板，缺乏灵活性。

（三）业务数据案卡设置关联性不强，无法满足数据实时互联

现有业务数据资源化水平较低，无法满足大数据互通互联要

求，在进行案卡核查时，不同案件类别往往需要消耗大量人工去逐案验证相互之间的关联性，业务数据关联性贫乏、结构单一。如提前介入案件，案卡填录为是或否，均不影响后续案件的实质化办理，但是在数据统计时，却常常因为承办人疏忽大意，错填漏填，导致数据失真，核查时仍需进行对比筛查。虽然现有数据库满足了单一项数据的抓取及多项数据的互相对比，但是在关联性及证明力上仍缺乏一定的主动性设计，缺乏智能性操作。

三、新时代背景下提升案管工作新效能，解决当前数据困境的对策和建议

经过多年的部署发展，检察机关内部积累了海量数据，数据量呈现出指数级增长，但是各数据条块分割相对泾渭分明，同时受到关联权限等因素的影响，大部分检察数据还处于孤立状态，数据共享程度较低，存在一定的数据壁垒①。因此，数据呈现出强烈的局限性和碎片化的特点，数据信息交互较低，数据智能化程度较低，大量的数据被限制，无法进行整合分析研判，严重影响和制约检察大数据的集成、分析应用和效能发挥。如何实现数据之间的协同互联，创造更加有智慧的数据网络，逐步实现数据整合、数据共享、数据互联，全力打通数据“高速公路”，应该从以下几方面入手：

（一）加强数据融合，以集成化、智能化、便捷化方式，不断提升数据传输效率

业务数据资源来源于业务并服务于业务，但当前业务数据集成化程度较低，数据资源还无法实现实时呈现，传输效率较低，具有

① 参见傅信平：《大力加强信息化智能化建设》，载《人民检察》2021年第16期。

一定的滞后性，智能化水平有待进一步提升。数据精准化、高效化要求做到实时传输数据内容，并确保数据准确无误，即同时兼备及时性、高效性、精准性等特点。一是强化数据意识，打破原有数据传输方式，提升数据传输能力。现有业务系统中流程办案、审批过程、文书制作等案件信息存储在生产库，生产库的案件信息不直接产生统计子系统的基础表数据，需要从业务系统的生产库向统计子系统的统计库传递相关案件信息，这样就会导致数据无法实现实时更新的需求。为及时有效反映数据实时运行状态，可改变现有数据传输模式，以填录即抓取、抓取即更新的新模式，提升数据更新及时性。二是丰富案卡设置，打破现有选择性案卡填录，提高案卡填录灵活性。在既有案卡设置不变的前提下，可先以常发、多发类案件为切入口，开展集中调研，将案件所能反映出的问题进行集中整合，再根据案件特性设置相应的特定案卡，实现总体案卡设置不变，不同类型案件自带特殊案卡设置的新变化，进一步丰富案卡内容。也可以设置一定的增添式案卡设置栏目，使承办人在办理案件时，可根据业务需求及社会发展，及时增添案件特性，丰富数据池，方便数据抓取。三是强化数检通智能筛查功能，丰富并细化筛查内容，提升数据准确率，可将现有数据审核规则全部纳入数检通筛查范围，利用云计算技术对所收集的海量数据进行筛查，同时可改变现有结案审核方式，以数检通强制检索、消除风险点为结案前必备流程，在未使用数检通检索消除案卡填录问题前，无法正常流转结案，同时也可改变现有审核模式，以“案前 + 案中 + 案后”全流程监管，实现实时审核，全面提升数据准确率。

（二）丰富案卡设置，以类案化、特定化、自主化方式，不断丰富数据资源池

数据资源获取的及时高效，得益于数据资源库数据丰富程度，

但是当前业务数据统计中仍不同程度存在数据统计缺失的问题，如何更好、更细、更全面地掌握检察业务运行态势，为数据分析、行业治理、检察工作开展提供更好的分析预判，就需要丰富案卡设置，进行自主编辑。

区别化设置案卡，逐步扩大自主编辑范围。比如，先以常发性、多发性案件为切入口，将案件所能反映出的特性问题进行集中调研整合，再根据案件不同性质在现有案卡设置基础上，增添特性案卡，同时增加一定的自主设置权，即设置某一项案卡为应急项，并在审结案件时由案件管理部门统一把关，对该项案卡填录进行核定，进一步优化案卡资源、提升数据及时性。如危险驾驶案件，当前案卡设置并无行驶道路、逃避检查、行驶时间段、车辆类别等案卡设置，在进行统计分析时，又因缺乏大量及时性案卡，往往需要耗费大量人力进行逐案筛查，对业务数据及时性以及服务社会治理等都带来了极大的不便。

研发全景数据分析报告模块，利用AI智能编写，逐步从单一数据分析向全域数据分析过渡，并扩展至类案分析，设置以自由组合、可选式案件筛选为依托实现关联分析，同时为提升数据利用效率，可探索类案检索功能，强化“三书”对比自动抓取功能设置，比如以可选式项目设置，自动抓取“三书”中所要对比的数据资源，实现自主输入、自动抓取、便捷入库，进一步丰富数据资源库，同时强化数据联动，实现“库＋库＋N”新模式①，即数据资源库、案件管理库加其他等方式逐步扩大集成化运用数据池。

---

① 参见张燕飞、周宏强：《以系统观念构建多层次一体化案件管理体系》，载《人民检察》2021 年第 16 期。

（三）强化案件关联，以互联式、反查式、集中式方式，不断提升案件关联性

数据之间的高效运用，更应从数据之间的深度及广度来进行全域布局，从数据之间的关联性、延伸性进行分析运用。当前数据统计模块除有反查式搜索外，对于案件之间的关联性并无有效方法予以查证，案件之间、数据之间往往出现疏漏，给数据统计、效果运用造成了一定的困扰。

探索设置“自动识别化 + 抓取私人定制式”搜索项目，打造个性化统计设置，实现对所有案卡、所有文书全搜索、全覆盖，并可自动识别所有入卷文书及外来文书的关键数据点，实现自动抓取、自动识别、自动获取，自动分析，进一步提升数据运用的广度。依托云计算、云存储能力，强化数据之间的互联互通、并提供全流程的数据支持，强化案案关联、人人衔接，可提前预制特定案卡，以最基本的“人员姓名 + 身份证号码”的特定模式，除采用传统系统提案方式关联外，以内置提示形式提醒案管部门对所受理同一案件进行一键关联，即以该人员成案的新案件，经系统比对为同一人时，可将系统内该人员的提前介入案件、立案监督案件、审查逮捕案件，甚至可扩大至民事行政公益诉讼等领域案件，实现一键关联，打破数据之间的壁垒，进一步拓宽数据之间的关联深度及密切性。

（四）提升智能化水平，以科技助力案管工作智慧化、现代化

当前个别、偶发、被动、人工的传统检察监督模式，其工作效率、办案效果、监督水平已经无法满足当前案管部门的实际需求，必须自觉跟上、主动创新，把大数据思维贯穿司法办案全过程。以

“全程可追溯、进度可视化、结果可评价”为目标，坚持问需纳谏与立行立改同步、硬件建设与软件应用同施、规范运行与创新方式同重，严格依托检察业务应用系统，研发更加智能化辅助软件操作系统，助推案管工作实现“数字化”高效运行①。

当前，检察机关正处于信息化向数字化全面转型的阶段。一方面，要进一步加强检察业务数据管理，提升数据“准确率”。强化调研整合，统一审核标准，并制定适用全国数据审核需求的要点嵌入到相关中，通过关联对比，发现并反馈次生问题，从而提高数据核查效率，实现数据治理、规范办案、科学评判三大功效，进一步提升数据审核效率、提高数据利用效率。另一方面，加强智能化终端建设，进一步优化业务分配、提升工作效率。比如，参照法院智能化立案查询终端、银行自助办理业务终端以及行政审批大厅各类自助终端建设，将律师阅卷、案件查询等业务统一嵌入终端平台，实现自主识别、自动审核、自助操作，极大提高各项工作效率，有效缓解人工劳动与现实工作的不平衡、不和谐问题。

① 参见李云：《以数据赋能智慧案管建设》，载《人民检察》2022 年第 15 期。

法律文书释法说理进阶路径探微

——以社会治理检察建议书为切入点*

张　茂　邵淑琼**

目　次

* 本文系 2024 年度贵州省毕节市委重大课题一般课题“毕节市基层治理现代化实践路径研究”（课题编号：C2024050）的阶段性成果。

** 张茂，贵州省金沙县人民检察院五级检察官助理；邵淑琼，贵州省金沙县人民检察院新化片区中心检察室主任。

（三）提出措施不精准，落实形式化

（四）文书公开不到位，接受监督虚化

四、社会治理检察建议书释法说理进阶路径

（一）树立大局意识，增强释法说理高度

（二）充分调查核实，增强释法说理精度

（三）注重语言运用，增强释法说理深度

（四）深化文书公开，拓展社会治理广度

一、社会治理检察建议书释法说理研究概述

社会治理检察建议这一称谓在2019年最高人民检察院发布的《人民检察院检察建议工作规定》（以下简称《规定》）中被正式确定，在办理社会治理检察建议案件时需要制作社会治理检察建议书，社会治理检察建议书则属于检察法律文书的一种。《规定》对检察建议书的必要性、合法性和说理性进行了强调，证明了检察建议书释法说理的重要性。反观实践，通过检索中国知网文献，关键词限定“释法说理”，结果显示绝大部分文献为“裁判文书”释法说理，而与“检察文书释法说理”相关的文献有且仅有6条，最新时间为2020年，相当于近4年没有检察法律文书释法说理相关研究。因此，相较于裁判文书而言，检察文书释法说理工作一直没有得到理论界和实务界的关注。在中国知网检索“检察建议书释法说理”①，则无相关文献出现，说明近些年，检察建议书释法说理工作还未得到广泛关注。

《中共中央关于加强新时代检察机关法律监督工作的意见》（以下简称《监督意见》）强调：“加强法律文书说理和以案释法，促进

① 检索时间为2024年6月20日。

全民法治观念养成”“健全检察建议等法律监督方式，增强监督的精准度和时效性”。社会治理检察建议书是检察机关开展释法说理工作的重要载体，释法说理也是社会治理检察建议书必须具备的内容，通过提升释法说理质量可以强化检察建议的刚性、提升案件办理的可信度，从而确保检察建议的合法性、合理性和必要性，通过释法说理争取被建议单位的内心认同，最终实现从“监督治理”到“协同共治”的良好局面，通过抓前端、治未病，更好推动社会治理，维护社会安定和谐，提升检察机关司法公信力。

实践当中，由于社会治理检察建议书本身质量问题，特别是释法说理薄弱，影响了社会治理检察建议刚性的实现，影响了检察机关检察职权运行的权威性，有必要专门对社会治理检察建议书释法说理问题进行专门研究，进一步强化检察官释法说理职责，提高社会治理检察建议书制作水平，从检察内部文书质量着手提升社会治理检察建议的刚性，真正推动社会治理检察建议从“办理”到“办复”转变，以更高质量的社会治理检察建议促进更高水平社会治理。

二、 社会治理检察建议书释法说理的重要性

继《监督意见》提出加强法律文书说理和以案释法的要求后，最高检为抓实法律文书释法说理工作，于 2021 年 7 月至 11 月组织了一次法律文书评选工作，评选出包括不批准逮捕理由说明书、不起诉决定书、公益诉讼检察建议书等 6 类 7 份释法说理不充分、质量效果较差的法律文书，形成《关于说理不充分检察法律文书的通报》。这是最高人民检察院首次直接推动法律文书释法说理工作落实。[①] 2022 年初，最高检案管办把刑事检察释法说理优秀法律文书

① 参见申国军：《案件管理实务精要十二讲》，中国检察出版社 2023 年版，第 319 页。

评选活动纳入案管工作要点，并于同年2月至7月组织了一次评选活动，从各地报送的1958份法律文书中，评选出80份刑事检察优秀释法说理法律文书。彼时，舆论界非常关注的张扣扣案二审出庭意见书、杭州自诉转公诉案的公诉意见书等一些优秀的释法说理法律文书在社会上引起强烈的反响，产生了很好的社会效果，堪称“教科书式”释法说理文书。① 2023年底，《检察日报》发布了第一届全国检察机关优秀刑事检察文书评选活动结果揭晓，“孙小果等13人组织、领导、参加黑社会性质组织案”等100篇文书入选，其中包含了检察建议书。②

习近平总书记反复强调，法治建设既要抓末端、治已病，更要抓前端、治未病。从个案监督到类案监督再到社会治理，这是检察机关办案境界的升华，也是监督层次的提升。2024年1月，全国检察长会议强调，检察机关要提高检察建议质量，持续推进从“办理”向“办复”转变。检察机关要跳出办案看治理，透过案件办理发现案件背后的发案原因，从制度上找漏洞，向有关部门制发社会治理检察建议。近年来，从最高检发布的优秀社会治理检察建议书来看，社会治理检察建议在实践中发挥的作用越来越明显，其涉及领域广、调查核实扎实有效、制作规范质优、落实效果显著有力，从治理层面解决了很多困扰人民群众的“老大难”问题。而在当前社会治理检察建议缺乏法律层面刚性保障的困境之下，检察机关必须更加注重社会治理检察建议书本身的质量，在释法说理上下功夫，才能确保社会治理检察建议“精、准、实”，以社会治理检察建议自身过硬来保证其刚性，让被建议单位心服口服，愿意整改；让党委政府主动支持，合力推进治理。因此，社会治理检察建议书

① 参见中国军：《案件管理实务精要十二讲》，中国检察出版社2023年版，第319页。

② 参见《第一届全国检察机关优秀刑事检察文书评选活动结果揭晓》，载《检察日报》2023年12月20日第1版。

释法说理工作在国家治理体系和治理能力现代化的背景下显得愈发重要，意义重大。

（一）加强社会治理检察建议书释法说理，检察机关责无旁贷

人民群众对公平正义的感知，正是通过一份份法律文书来体现。检察机关是否紧扣党委、政府中心工作，是否做到“一切从政治上看”、主动融入社会治理，一份社会治理检察建议书是一方面的体现，治理效果便体现在每一份社会治理检察建议书的字里行间。党的十八届四中全会提出，国家机关要实行“谁执法谁普法”的普法责任制，加强法律文书说理性工作。2011 年，最高检出台《关于加强检察法律文书说理工作的意见（试行）》，2017 年对此进行了修订，出台了《关于加强检察法律文书说理工作的意见》，同年出台了《关于实行检察官以案释法制度的规定》，[①]《监督意见》也专门强调了“积极引领社会法治意识，加强法律文书说理和以案释法”。这些制度规定的出台是检察机关推动落实中共中央、国务院《关于实行国家机关“谁执法谁普法”责任制的意见》的重要举措。党的十九届四中全会提出推进国家治理体系和治理能力现代化，检察机关作为治理体系中的重要力量，作为普法主体，也提出把以检察工作现代化服务中国式现代化作为当前和今后一个时期检察工作的中心任务，对推动国家治理体系和治理能力现代化作出了回应。以上表明，无论是普法工作还是推进现代化工作都是检察机关义不容辞的政治责任、政治任务。社会治理检察建议是检察机关参与治理的重要手段，其对外表现形式以检察建议书的形式存在，

① 参见李清伟、朱红刚：《试述检察法律文书释法说理制度》，载《第四届全国检察官阅读征文活动论获奖文选》。

成为检察机关释法说理的重要载体。因此，社会治理检察建议书释法说理必须引起重视，务必将其作为一项重要的政治责任来履行，才能彰显检察机关的权威性，提升治理能力和治理水平，而不是觉得可有可无，更不能将其当作负担和累赘。

（二）加强社会治理检察建议书释法说理，是检护民生的应然之举

《尚书》记载："民为邦本，本固邦宁。"民生，始终是中国共产党的执政之基、治国之本。习近平总书记强调："中国式现代化，民生为大。"民生是最大的政治，作为中国共产党绝对领导下的检察机关，要做实做优检察为民，满足人民群众对民主、法治、公平、正义、安全、环境等方面的更高要求。最高人民检察院部署开展了"检护民生"专项行动，吹响了新征程上检察为民的冲锋号。应勇检察长更强调，"检护民生"要把增进民生福祉作为根本目的。

检察机关办理的案件，绝大多数都发生在群众身边，事关人民群众生产生活、健康安全，乃至生命存续。因此，案件本身关乎民生，那深挖案件背后深层次问题，找准切口，精准定位问题，提出切实可行的对策措施，通过加强社会治理检察建议书释法说理，着力解决重点人群、重点领域和民生突出问题，运用检察力量切实提升民生温度，就是检察机关开展检护民生，赢得民心的重要途径。也就是说，一份规范、说理充分、高质量的社会治理检察建议书才能让被建议单位心服口服、欣然接受并愿意去整改，才能彰显检察机关的监督刚性，赢得党委政府的支持，获得人民群众的信赖。比如，某县检察院在调查核实县内外伤型医保基金监管问题后，向有关单位制发社会治理检察建议，推进县法院、公安、人社等部门建立了医保基金监管协作机制，畅通了意外伤害案件数据共享，推动

开展了医保基金督查检查、医保骗保行为宣传及医药机构内控治理。经查后，被建议单位依法暂停协议 2 家，移交卫健局 3 家，移送医院党委处理 1 家，取消协议 1 家，曝光案例 9 例。通过释法说理，“检政合力”，督促引导相关人员主动交回医保基金 20 余万元。该案的办理彰显了检察机关做好社会治理检察建议释法说理的重要性，促进司法行政单位打破数据壁垒，推进建立完善医保基金前端、中端和末端环节监管协作机制，真正为保障民生福祉展现了检察作为。

（三）加强社会治理检察建议书释法说理，是提升司法公信力的重要途径

一份释法说理充分的社会治理检察建议能够高质量推动社会治理，用司法公正引领社会公正，以正确的释法说理引起社会共鸣，促进全民法治观念养成，凝聚全社会力量共同参与治理，形成协同共治的良好局面，彰显检察机关良好形象。根据最高人民检察院统计的数据显示，社会治理检察建议由 2019 年的 3.9 万余份上升至 2022 年的 4.8 万余份，从数量上看总体呈现上升趋势，但从回复采纳情况来看，2022 年全国检察机关社会治理检察建议回复率 92.61%，已收到回复的检察建议采纳率为 99.45%，说明仍有部分社会治理检察建议质效不足、释法说理不充分。在基层，检察机关制发的一些社会治理检察建议迟迟得不到被建议单位的回复，一些社会治理检察建议则是在检察机关反复催办下才回复，甚至存在“请求式”协商回复。这在一定程度上降低了检察机关的司法公信力，影响检察机关形象。而一份释法说理充分的高质量的社会治理检察建议则会赢得被建议单位的尊重，在被建议单位乃至社会公众面前树立威信和良好的形象，从而彰显检察机关的公信力。

三、社会治理检察建议书释法说理的实践困局

（一）司法理念跟不上，办案机械化

在国家治理体系和治理能力现代化的背景下，检察机关完成了从只关注案件办理主动向社会治理延伸的蜕变，有效推动了基层治理。但具体到实践当中，一些基层检察院囿于地方案件基数大，仍然存在重办案、轻治理的思想，没有真正意识到社会治理检察建议对于推进国家治理体系现代化的重要性。目前，对“质”的要求上有所疏忽，导致文书说理一直不被检察官重视。部分检察官为完成上级院对社会治理检察建议的考评任务，简单立足个案办理拟制社会治理检察建议，没有充分释法说理，导致一些社会治理检察建议因质量问题得不到被建议单位的重视。比如，某县检察院2021年来针对办理的一批涉黑涉恶案件制发社会治理检察建议，且一案一发，每一份社会治理检察建议千篇一律，都是用同一个模板来修改的，没有针对性的释法说理，这样的社会治理检察建议由不同的检察官制发到同一个单位，只会增加被建议单位的抵触情绪，治理效果反而不是很好。因此，不管是主观上的认知还是客观上的考评，都导致检察官没有把释法说理工作自觉当成一种政治任务，更没有意识到释法说理工作对提升检察机关公信力的重要作用。

（二）释法说理不深入，论证简单化

释法说理是保障社会治理检察建议书合法性、合理性和正当性的基础性工作，通过释法说理，对法律监督活动进行说理论证，既规范司法行政部门、企事业单位的行为，督促其正确履行职责，又促进社会治理。然而，在实践中，部分社会治理检察建议书常常出现这样的现象：如用一句话概括了发现的问题，表述为“本院在办

理某某案当中，发现……影响了他人的正常生产、生活、工作，直至被公安机关查获。根据《规定》第十一条之规定，特向你单位提出如下检察建议……”。在未进行深入调查核实的基础上，仅仅从个案角度出发制发社会治理检察建议书，采用模板化、公文化的语言轻描淡写、一带而过，甚至规避一些重点问题，缺少共情的说理过程，这种文书往往陷入片面化、简单化说理的泥淖。首先是说理缺乏详细的证据、数据或者类案支撑，应当明确的是不仅办理案件需要有各种各样的证据，社会治理检察建议书的制发也需要具有相当的证据要求。其次是说理缺乏法理情的有机融合。一项法律判断的作出，务须以法律条文为依据、以天理人伦为导向、以人本情感为基础，否则失于情、理、法三者的平衡性考量，不仅被建议单位难以采纳，也会使民众的接受度、认可度不高。

（三）提出措施不精准，落实形式化

作为法律监督机关，要想制发的检察建议书起到良好的社会治理效果，有必要通过与被建议单位甚至专家学者座谈、开展问卷调查等方式了解被建议单位的工作性质、职责是否与建议措施相匹配，进而对建议内容进行修改完善，而不是简单地一发了之。实践中的一些社会治理检察建议文书就存在一发了之的问题，比如，向有关单位制发的社会治理检察建议文书，无相关问题分析，措施笼统，具体为“一是加强对市场主体监管力度，尤其是要加强对市场主体合规、依法经营情况进行事中及事后监管。二是在履行监管职责中注意发现违法犯罪线索并及时将线索移交有关系权的部门”。这样的文书过于追求法言法语的专业性，未能考虑措施建议的“专业性”，缺乏灵活应变，缺少“人情味”“烟火味”，不接地气，没有针对性，并没有依法向被建议单位阐明事实、释明法理、讲明情理，给被建议单位带来“你在要求我做事”的观感，而不是推动社会治理，

即使采纳，也没有真正获得被建议单位的认可、信服，落实效果必然大打折扣，以“书面回复”代替“实际回复”也便可以理解了。

（四）文书公开不到位，接受监督虚化

从12309中国检察网中“案件信息公开”栏目项下的“法律文书公开”栏目来看，仅仅设置了起诉书、抗诉书、不起诉决定书、刑事申诉结果通知书以及其他法律文书等五种，没有单独设置“检察建议书”或者“社会治理检察建议书”；点击“其他法律文书”则显示“暂无数据”。相较于中国裁判文书网，检察机关文书公开率较低，而且种类有限，受自上而下一贯操作以及当前舆论压力的影响，大部分省、市、县检察院只公开以上种类的部分文书，而对“社会治理检察建议”甚至整体的“检察建议”能查询到的时间范围均未有显示。如今也仅仅只有各地或者最高人民检察院在优秀社会治理检察建议评选活动中获评的文书才能在公开渠道查阅了解。当前，随着人民群众法治观念的普遍提升，对司法办案的关注度越来越高，加之当下抖音、快手等新媒体平台传播信息速度之快，如果在释法说理中稍有不慎，就很容易被“炒作”，这导致大部分检察官对释法说理持保留态度，不敢深入释法说理。而人民群众对案件的公正感来源于案件办理过程中的切身体会，来源于一份高质量文书的反馈。社会治理检察建议文书尚未达到公开化、可视化，不得不说是非常遗憾的。这意味着检察机关参与社会治理职能的外在载体不能被大众普遍熟知，同时缺乏相应的监督，也容易导致社会治理检察建议流于形式，参与社会治理的效果会相应打折扣。

四、社会治理检察建议书释法说理进阶路径

习近平总书记强调：“法律并不是冷冰冰的条文，背后有情有义。要坚持以法为据、以理服人、以情感人，既要义正词严讲清

‘法理’，又要循循善诱讲明‘事理’。”而情、理、法三者的充分释明都需要一定的事例和证据支撑，检察机关在制发社会治理检察建议过程中，应当扭转以往“坐堂办案”的思维，不能仅仅从办理的案件卷宗中寻找“蛛丝马迹”，而应“处江湖之远”，进行实地调查核实取证，通过详实的数据、案事例提升释法说理的全面性与针对性，对社会治理问题进行深入剖析，进而提出有见解的社会治理检察建议，同时要注重深化文书公开工作，借人民监督助推检察机关法律监督工作向纵深开展。

（一）树立大局意识，增强释法说理高度

古人云：“有理走遍天下，无理寸步难行。”在每一份法律文书中把法理、事理、情理讲得透透彻彻、明明白白，就是“让人民群众在每一个案件中都感受到公平正义”。社会治理检察建议作为检察机关参与社会治理的重要切口，应当围绕发现的社会焦点问题进行充分说理，有的放矢地提出检察建议，只有这样才能让被建议单位、社会大众心服口服，自愿接受建议内容，达到推动社会治理的目的。作为检察人员，必须认识到社会治理检察建议并非可有可无的办案辅助，而是关乎民生与民心，决定着社会治理的高度。释法说理就是呵护民生、赢得民心的重要途径，必须将释法说理贯穿于制发建议书的全过程，当作一项重要的政治任务、政治责任来抓，不能草草地一发了之。

心有所向，路必不远。释法说理清楚确保了法律文书的质量要求，是对办案人员法律功底的检验，也是考核检察官的重要尺度。“说理”是法律文书的灵魂和生命，也是贯彻落实司法责任制、提升司法能力和司法公信力的具体体现。社会治理检察建议书作为检察机关的一项重要文书，其说理不仅体现了检察人员的业务素质，需要扎实的法律功底，还要有较强的综合分析能力、逻辑思维能力

和文字写作能力，要善于从常情常理中、个案的是非对错中阐述法律规则的意义及社会治理的要求，通过充分的释法说理，让威严的法律、复杂的社会治理问题走进寻常百姓家。检察人员在制发社会治理检察建议书的过程中，既要站在党委政府的角度，为党委政府治理社会顽固、隐患问题出谋划策，将社会主义核心价值观、党的大政方针、决策部署融入文书说理，争取党委政府的理解与支持，也要将天理、国法、人情融为一体，做到符合人民群众的“内心法”，做到“如在我诉、情同此心”，赢得社会大众的广泛支持。

（二）充分调查核实，增强释法说理精度

调查核实是保障社会治理检察建议质量的关键一环，是检验社会治理检察建议后续落实效果的重要依据。社会治理检察建议往往涉及领域众多，包含教育、医疗保障、食品安全、住房保障等民生基础问题，专业性较高，这就要求检察人员除具备法律专业知识外，还必须精通各领域专业知识，主动走出去，深入被建议单位等相关单位学习请教，不能一味埋头办案、“闭门监督”。目前，检察机关聘请了行政机关专业人员担任检察官助理，同样也可以派员到相关行政机关学习专业知识，进一步提升社会治理检察建议内容的专业性，通过专业的社会治理检察建议与相关职能部门达成共识，及时推动严格执法、规范监管、高效治理。

一份高质量的社会治理检察建议就要求检察官发现线索后要充分调查核实，跳出案卷看问题，用活用足走访询问、数据分析、现场查看等调查核实手段，精准发现问题；系统梳理问题之后向被建议单位专业人员学习、向专家咨询，深挖问题背后的深层次动因，进而分析机制漏洞，科学预测可能发生的风险，确保释法说理透彻，让被建议单位能接受、愿接受。紧紧围绕问题，用被建议单位听得懂、看得懂、接地气的言语提出针对性强、可行性高、易于操作、能给被建议单位启发的对策建议，切忌泛泛而谈，问题与对策措施脱节，从而使被建议单位无所适从。

（三）注重语言运用，增强释法说理深度

释法说理，重在“理”。“理”承载着事实之“固然”和法律之“所以然”，因而具有真理和正义的双重力量。在社会治理检察建议书中，“释法说理”就是向被建议单位和公众展示社会治理检察建议的合法性、必要性、合理性的论证过程，体现出检察机关的法律思维、法治思维和法理思维相统一。

一要把牢释法说理的精髓。释法说理并不意味着就是简单的修辞技术和文字游戏，其意义并非限于强化社会治理检察建议的说理性、提升社会治理检察建议的合理性、增强社会治理检察建议的公信力，更重要的是赢得被建议单位的认可，特别是提升社会公众的认同感，是“以人民为中心”的法治理念在司法领域的具体体现。二要把准释法论证规范。检察官在制作社会治理检察建议书时，要正确援引法律条文，阐明采取相关措施的必要性，确保检察建议监督具有确凿的事实根据和充分的法律依据。注重紧扣党的政策、法律法规、地方性法规，还有行政法规及部门规章展开论述，这些都是社会治理不可或缺的依据。在制作社会治理检察建议书时，切忌只注重引用上位法，高位阶的法律、行政法规，在基层，县域政府发布的通知、通告等规范性文件，直接影响着地方的社会治理，需要配合解释，才能让被建议单位以及公众感知到治理的必要性，让检察机关参与治理更加接地气，同时也不可忽视传统习俗对人的思想行为的影响，要兼顾法理、情理、事理，寻找最大公约数，融法于理，融法于情，实现检察建议法律效果和社会效果的有机统一。三要把控说理逻辑层次。社会治理检察建议书作为检察机关对外发布的规范性应用公文，和其他的法律文书一样，要将鲜明的思想观

点、确凿的事实材料和精练的文字表达相统一。社会治理检察建议的开头与结尾、前段与后段、上句与下句，都要有内在的逻辑联系。观点要鲜明，建议措施要有层次感。要透过现象看本质，瞄准案件反映的表面问题，查找单位、行业、地区出现的问题症结和漏洞根源，加强综合研判，提出对策建议；论据要充分，围绕论点铺陈证据，列举的案例和数据要说明问题所在，佐证所提出的建议措施要做到一一对应，剖析被建议对象存在制度隐患、管理漏洞与出现问题之间的因果关系要做到言之有物、言之成理。

（四）深化文书公开，拓展社会治理广度

“阳光是最好的防腐剂，人民群众是检验工作质量的重要标尺。”目前，社会治理检察建议书除通过公开宣告送达方式与外界“见面”以外，并没有向法院裁判文书公开率那么高，而且宣告送达也仅限于被建议单位、检察机关，偶尔会邀请第三方在场，群众知晓范围有限。因此，公开社会治理检察建议书是检察机关拓展文书公开范围的一个有力举措，将社会治理检察建议书作为独立的文书在 12309 中国检察网上公开，接受人民监督，让人民群众走进“检察机关”，深入了解检察工作，感知检察机关参与社会治理的力度，才能进一步彰显检察机关公信力。将社会治理检察建议书公之于众，还可以检验检察官的办案水平，乃至检察机关的履职能力，通过群众的“火眼金睛”验证社会治理检察建议是否经过深入的调查核实，是否提出有针对性、客观合理、恰当可行的对策措施。社会治理的受众是人民群众，受益者也是人民群众，深化社会治理检察建议书公开，可以倒逼检察官用准确、精练、适当的群众语言进行叙述，用群众易于接受的方式提高文书释法说理能力，透过社会治理，确保群众对检察机关参与治理的可感、可触，进一步感知检察机关在参与治理方面的决心。另外，除通过 12309 中国检察网对

社会治理检察建议书公开以外，还应当加强对文书释法说理的考评，通过媒体积极宣传优秀社会治理检察建议书，提高社会各界对社会治理检察建议工作的知晓率和认可度，方可真正达到“办理一案、教育一片、治理一方”的效果，以更扎实的检察工作不断满足人民群众对法治建设的更高期盼。

专题研究

ZHUANTI YANJIU

检察听证责任认定辨析*

初殿清　魏再金**

目　次

检察听证是检察机关贯彻落实习近平法治思想，践行全过程人民民主，自觉接受外部监督的重要举措。① 据最高检工作报告显示，2023 年全国检察机关共举行听证 25.8 万次，同比上升 22.1%，其中信访案件听证后化解率 78.6%，而同期全国检察机关共办理各类

* 本文系 2024 年度最高人民检察院检察听证理论研究课题“中外听证制度比较研究”的阶段性研究成果。

** 初殿清，北京航空航天大学法学院副院长、教授；魏再金，四川省成都市人民检察院案件管理办公室副主任。

① 参见申国军：《案件管理实务精要十二讲》，中国检察出版社 2023 年版，第 273—274 页。

案件425.3万件，[①] 听证率为6.1%，这说明听证工作已经融入检察工作，成为检察履职的一部分。2020年最高检印发的《人民检察院审查案件听证工作规定》（以下简称《听证规定》）第16条规定："听证员的意见是人民检察院依法处理案件的重要参考。拟不采纳听证员多数意见的，应当向检察长报告并获同意后作出决定。"即采纳听证员意见是常态，不采纳听证员意见是例外。这就引出一个新的问题，承办检察官采纳听证员意见后改变自己原来决定，导致案件被评为不合格案件的，司法责任该如何承担。本文以一件听证后撤回起诉的不合格案件为样本，对听证案件责任认定这一命题进行分析。

一、 谁是责任主体：基本案情和分歧意见

2022年2月19日晚，犯罪嫌疑人邓某因车辆进出小区大门道闸未及时抬起，在该小区保安室与醉酒保安熊某发生争执，邓某扇打熊某面部一耳光并离开，熊某使用铁棍敲击窗台表达愤怒情绪，犯罪嫌疑人邓某遂返回保安室，将熊某手中的钢管夺下来，抢走钢管后离开。熊某被发现倒地，后被送医治疗。2022年2月25日，经鉴定，熊某右臂肱骨骨折构成轻伤一级。2022年2月27日，手术后熊某发现站立时腰痛，医生核磁共振发现腰1椎有新鲜骨折，该伤情构成轻伤二级。

2022年3月23日，公安机关以邓某涉嫌故意伤害将邓某移送甲区人民检察院审查起诉。承办检察官杜某经审查认为，本案事实不清、证据不足，应作存疑不起诉。但分管领导李某不同意承办人意见，要求将本案提请检委会讨论。承办人三次以是否对邓某作存疑不起诉提交检委会讨论。其中，第二次检委会讨论要求检察官举

① 参见最高人民检察院工作报告（2024年3月8日）。

行检察听证。经规范听证程序，听证员认为本案应该作起诉决定。2023 年 4 月 13 日，甲区人民检察院检委会决定以邓某涉嫌故意伤害案提起公诉。2024 年 5 月 9 日，检委会决定撤回对邓某的起诉，并对邓某作出存疑不起诉决定。2024 年 6 月，本案经评查，被认定为不合格案件。

“不合格”是检察机关案件质量评查的一种结果等次，根据《人民检察院案件质量评查工作规定（试行）》（以下简称《质量评查规定》）第 19 条，评定标准为“认定事实错误或者事实不清造成处理结果错误，或者适用法律不当造成处理结果错误，或者办案程序严重违法损害相关人员权利或造成处理结果错误”。与不合格结果等次对应的责任具体体现为：一方面，影响有关检察官的办案业绩考核评价；[①] 另一方面，不合格案件还可能涉及司法责任追究的问题。我国检察人员承担司法责任的情形包括两类，即“故意违反职责”或“因重大过失违反职责造成严重后果”，[②] 包含主观过错因素的违法行为是追责的基准。如果上述不合格案件不仅在结果上存在错误或使相关人员权利受损，而且还符合上述追究司法责任的情形，有关主体需承担司法责任。目前，我国在规范层面也对不合格案件责任如何与司法责任衔接进行了程序规定，根据《人民检察院司法责任追究条例》（以下简称《追究条例》）第 12 条和第 13 条，不合格案件需通报给检务督察部门，如果检务督察部门经分析研判，认为可能存在违反检察职责行为的，应提出启动司法责任调查程序的意见。

鉴于不合格结果等次对应的责任内容会对有关主体产生较大影

---

① 《质量评查规定》第 4 条规定：“案件质量评查结果应当作为评价检察官办案业绩和能力、水平的重要依据，纳入业绩考核评价体系，并记入司法业绩档案。”

② 参见《最高人民检察院关于人民检察院全面准确落实司法责任制的若干意见》第 26 项。

响，不合格案件责任主体的认定，便成为一个亟待形成共识的重要问题。在本案应由哪一主体承担不合格案件责任的问题上存在分歧，包括以下四种意见：

第一种意见认为，本案应由承办检察官张某承担责任。理由是，根据“谁办案谁负责”的原则，张某是办案系统中署名的承办检察官，也是名义上的责任承担者。

第二种意见认为，本案应由分管院领导李某承担责任，理由是，《最高人民检察院关于人民检察院全面准确落实司法责任制的若干意见》（以下简称《责任意见》）第 30 项规定：“独任检察官、检察官办案组根据检察长、副检察长、检察委员会专职委员、业务部门负责人对案件重新审查的要求，改变原决定从而作出错误决定，前述负有监督管理职责的人员存在故意或者重大过失的，承担监督管理责任……”本案中，分管院领导否定了承办检察官张某的决定，应该是责任承担主体。

第三种意见认为，本案应该由检委会承担责任。理由是，本案中，起诉之前上了三次检委会，且最终作的起诉决定是由检委会作出的，检委会改变了承办检察官的决定，根据“谁决定谁负责”的原则，应该由检委会承担不合格案件责任。

第四种意见认为，本案应该由听证员承担责任。理由是，听证员否定了承办检察官的意见，检委会也是听取了听证员的意见才作出的起诉决定，但鉴于目前对听证员的责任追究还缺乏明确规定，建议将相关情况通报司法行政机关作处理。

二、 责任认定辨析的三个维度：主体、案件和责任类型

本文赞同第三种意见。本案看似分歧意见较多，但抛开听证这一因素不考虑，分管院领导不同意承办人意见，进而将案件提交检

委会审议决定，出现不合格案件的，只要承办人在检委会汇报案情时，没有故意隐瞒重要案情，导致检委会决策错误，那么就应该由检委会承担司法责任。本案的核心是有关办案主体听从听证员意见后改变自己原先观点，造成不合格案件的责任承担问题。

（一）区分办案主体和决定主体

在司法责任主体认定方面，《责任意见》延续了 2015 年的规定，依旧是“谁办案谁负责、谁决定谁负责”。之所以这一表述中出现了两个“负责”，是因为在我国的检察权运行机制中，办案主体和决定主体多元，且部分案件存在办案主体和决定主体相分离的现象。首先，就办案主体而言，根据《责任意见》的相关规定，检察官、检察长（副检察长）和检委会都是办案主体。其次，办案主体与决定主体之间是必要条件关系。即使办案主体不一定都是决定主体，但是决定主体一定是办案主体。比如，在“捕诉一体”机制下，非重大疑难复杂案件一般由承办检察官决定，此时办案主体和决定主体是合一的。但对于一些拟提请或者提出抗诉的重大、疑难、复杂案件，就必须提交检委会审议决定，① 此时检委会也成为办案主体，案件的决定权转移给检委会。

需要说明的是，原承办检察官依旧是办案主体。根据《责任意见》的规定，检委会决策错误也要承担司法责任。② 根据监督管理责任的一般法理，监督管理责任是相对案件办理责任而言的，行使直接办理职能的检察人员所承担的是直接办理责任，行使监督管理

① 参见《人民检察院检察委员会工作规则》第 8 条的规定。

② 《责任意见》第 27 项规定，检察委员会作出错误决定的，检察委员会委员根据错误决定形成的具体情形和主观过错情况，承担相应的司法责任；没有故意或者重大过失的，不承担司法责任。

职能的检察人员所承担的是监督管理责任，[①] 而检委会制度则是一种办案监督机制，[②] 因此检委会承担的是一种监督管理责任，而案件承办人依旧需要承担案件办理责任。当案件提交检委会审议时，办案主体并非由原承办检察官变更为检委会，而只是增加了检委会这一办案主体，即办案主体成为检察官和检委会，而决定主体只有检委会。本案中，分管院领导并没有直接改变承办人的意见，既不属于办案主体，当然也不属于决定主体，因此认为由分管院领导承担责任的第二种意见不合理。尽管承办检察官是办案主体，但作出起诉决定的是检委会，根据“谁决定谁负责”的原则，因此认为由检察官负责的第一种观点也并不合理。

（二）区分原案和听证案件

司法责任的对象是司法案件，要对听证案件进行追责，首先要确定听证案件是否是司法案件。对此，存在两种观点。其中，否定观点认为，在目前的 2.0 办案系统中，听证案件并没有像立案监督案件一样单独成案，在最高检工作报告中，听证也是以“次”为单位，并没有以“件”为单位，检察听证只是检察官在原案办理过程中的一种审查方式，不属于司法案件。肯定观点认为，听证案件已经具备了司法案件的要素，应该认定为司法案件。本文赞同肯定说。

首先，关于办案系统的问题，由于检察听证是一个新事物，2020 年才有正式规范性文件，办案系统在研发之时没有将其独立成案可以理解，这在将来的系统完善过程中可以解决。据了解，上海、江苏等地方检察机关正在研发听证案件系统，届时听证案件就

---

① 参见朱孝清：《试论“监督管理责任”》，载《人民检察》2016 年第 Z1 期。

② 参见万毅：《检委会决策与检察官办案责任承担并不矛盾》，载《人民检察》2016 年第 22 期。

可独立成案。其次，关于统计口径的问题，由于司法数据统计是极为严肃的工作，鉴于目前系统并没有单独的听证案件，只有听证案卡项，因此以“次”为统计单位并无不妥。最后，上述否定说，主要是从形式的要素去看检察听证，但是否将听证案件认定为司法案件更应该从实质层面进行把握。检察机关是国家的法律监督机关，是保障国家法律统一正确实施的司法机关，[①] 检察机关以听证方式审查案件自然属于司法案件。实际上，司法裁判活动的基本要素之一便是“举行听证，届时争议各方同时参与，以言辞争辩的方式影响裁判者的结论”[②]，以听证方式审查案件恰好是检察机关司法性的体现，听证案件属于司法案件也就是题中之意。

尽管听证案件是司法案件，但是听证案件和原案之间是存在区别的，听证案件的任务是形成听证意见，而听证意见并不能直接对当事人产生法律效力。听证意见要转化为具有法律效力的司法决定，还必须通过单独的转化途径，即原案承办检察官采纳听证意见之后再作出司法决定，可见不能将听证案件与原案混同。本案中，原案才是评查对象，而听证案件并没有被作为评查对象，因此，责任承担主体也应该是原案的承办人，而非听证案件的听证员。

（三）区分决策责任和建议责任

在决策责任和建议责任的讨论中，可以以公众参与司法制度比较研究为视角，将听证制度与人民陪审员制度加以比较，分析不同类型的公众参与制度下，公众代表与决策的关系。在人民陪审员制度中，根据人民陪审员法第10条规定，人民陪审员由同级人民代表

① 参见《中共中央关于加强新时代检察机关法律监督工作的意见》。

② 参见陈瑞华：《司法体制改革导论》，法律出版社2018年版，第8页。

大会常务委员会任命；根据该法第2条规定，人民陪审员依法参加人民法院的审判活动，除法律另有规定外，同法官有同等权利。因此，人民陪审员实际上扮演的是真正裁判者的角色，其参加案件裁判结果的形成过程，相关的审判责任在性质上是决策责任。基于决策责任的重要性，我国近年来的陪审员制度改革也持续关注人民陪审员的审判责任问题。① 与法官承担的司法责任相比，既有规范对人民陪审员的责任要求相对较低，承担责任的情形主要体现为无正当理由拒绝参加审判而影响审判正常进行，以及违反法律规定、徇私舞弊造成错误裁判或其他严重后果，前者是纪律要求，后者是基本的职业道德要求，责任追究方式包括在社区团体中公开通报等措施以及追究刑事责任。

在检察听证中，听证员原则上由设区的市级以上人民检察院根据需要自行选任，且通常由本院党组会审议后发文任命，无须报同级人大常委会任命。听证员的角色“在实践中常常被误解为居中裁判，听证员成了裁判者，检察机关反而成为了被裁判对象”②，实际上，检察听证员在程序身份上属于听证参加人，其与其他发表意见的听证参加人的不同之处在于，听证员在听取各方意见的基础上，讨论形成听证员意见，听证员意见是检察院依法处理案件的重要参

---

① 继2015年最高人民法院、司法部印发的《人民陪审员制度改革试点方案》《人民陪审员制度改革试点工作实施办法》涉及人民陪审员有关责任及其惩戒之后，2016年最高人民法院发布的《关于人民陪审员制度改革试点情况的中期报告》也提出“推进人民陪审员违法履职与个人诚信系统不良记录对接，理顺人民陪审员履职与司法责任制的关系”。2018年施行的人民陪审员法第27条第2款被认为吸收了此前试点办法中的有关内容，将人民陪审员的审判责任在法律层面予以规定。此后2019年最高人民法院、司法部印发《人民陪审员培训、考核、奖惩工作办法》明确了陪审员履职评定等次的考核制度，并对上述责任条款予以重申。

② 谭金生、陈荣鹏：《检察听证制度实践的审视与完善》，载《西南政法大学学报》2022年第2期。

考。[①] 从决策过程看，案件处理决定除了听取听证意见之外，还会有其他信息来源，比如来源于仔细阅卷获取的案件信息，而这些信息在向听证员表达的过程中可能存在偏差。案件处理决定的基础信息要比听证意见形成的基础信息丰富，因此出现案件处理决定与听证意见相悖的情形也在情理之中。综上，有关事项如何处理的最终决定者仍是检察办案人员，听证员不直接参加决定，而是提出建议；但其建议对决定结果具有一定约束力，“拟不采纳听证员多数意见的，应当向检察长报告并获同意后作出决定”，在这一意义上，听证员意见对决定的影响程度不同于一般的建议。可以认为听证员也属于广义的决策群体范围，但其毕竟不参加和行使最终决定权，所以不承担决策责任，而只承担建议责任。

检察听证活动与决策结果之间的上述关系，在立法听证、行政听证中亦如是呈现。各国立法听证通常被认为是一种通过广泛听取意见，评价立法必要性或完善立法内容的程序机制，听证会上收集的意见仅是立法的参考，对是否立法以及立法内容没有必然的拘束力。有关研究表明，国外的立法听证仅为咨询性机制，没有决策权力，议会也没有遵从其意见的义务。[②] 我国的立法听证在效力上也是如此，立法法规定听证情况应当向常务委员会报告，但并未赋予听证意见拘束立法内容的效力，从各地立法听证制度文本看，听证意见也仅有参考意义。行政听证包括行政决定听证和行政立法听证两种类型，后者的程序特征与立法机关的立法听证比较接近，前者往往要求行政决定以听证案卷为基础，但这并不意味着相应形成的听证报告就是最终的行政决定。纵观国内外行政听证制度，听证人提出的听证结论只是一种建议性结论，决定者应当全面审查听证笔

① 参见《听证规定》第6条、第15条、第16条。

② 参见彭宗超、薛澜、沈旭晖：《国外立法听证制度的比较分析》，载《政治学研究》2003年第1期。

录，根据法律拟制或举证责任分配规则、法律解释方法等对事实和法律问题作出判断并形成最终的行政决定，听证结论只是其作出决定的论据之一。①

综上，检察听证员所承担的是有别于决策责任的建议责任。以前述样本案例所在市检察机关为例，在 2023 年的 857 件听证案件中，均采纳了听证员的意见，采纳率为 100%。从这一数据看，检察官的决策似乎和听证员的建议完全重合，但这只是一种偶合，决策责任和建议责任依旧存在明显的区别。现行《听证规定》中明确的听证员责任只有保密责任，对于听证员发表听证意见应如何承担责任尚未作出规定，未来应予明确。

三、构建听证责任：必要性与追责原则

从当前检察听证实践看，明确听证责任这一命题具有重要意义。一方面，有助于规范听证行为。以前述样本案例所在市为例，该市检察机关参加听证的听证员主要是律师，多数案管部门也缺乏相应的关联代理案件审核机制，因此听证员是否与听证案件之间存在利益关系无从判断，如果当事人没有申请回避，只能靠听证员的道德自觉，显然无法确保其客观中立。若建立听证责任机制，则能够给听证行为带上“紧箍咒”，在规范听证行为的同时，也有助于提升听证公信力。另一方面，有助于提升听证质量。有批评观点认为，听证员参与的实质性不足，案件评议流于形式。② 其中有客观履职能力不足的原因，也有主观上的懈怠，后者源于听证责任体系的缺乏。可见，有必要构建单独的听证责任机制。

在承认构建听证责任机制必要性的同时，需讨论听证责任追责

① 参见石肖雪：《面向行政任务的听证程序构造》，法律出版社 2019 年版，第 161 页。

② 参见李辞、陈忠泰：《不起诉听证的实践图景与理想样态》，载《内蒙古大学学报（哲学社会科学版）》2024 年第 2 期。

原则这一基础性问题。根据《追究条例》，检察人员应当承担司法责任两种情况分别是：（1）故意实施《追究条例》第 7 条所列不履行或不正确履行检察职责的行为；（2）存在重大过失且导致《追究条例》第 8 条所列严重后果或恶劣影响。据此，检察官司法责任的追责原则采行主客观一致原则，行为时的主观状态或导致严重后果的主观状态是承担责任的必要前提。作为最为严重的司法办案责任尚且主客观一致，根据“举重以明轻”的解释原理，作为相对较轻的听证责任，更应该坚持主客观一致的原则。听证员履职时有关行为及其导致的结果，并非其承担责任的唯一基准，还需判断与此相关的主观状态，是否存在故意或重大过失。在本文开篇案例中，证据存疑之处在于，现有证据只能证实嫌疑人只有打耳光行为和抢夺钢管行为，而被害人的受伤部位在右臂肱骨和腰椎骨，受伤部位和击打部位不在同一个地方，且由于被害人是醉酒状态，因此被害人的伤情是醉酒摔伤还是嫌疑人打伤无法确定。这属于我国刑法中最为混乱的因果关系判断问题，即便专业的司法人员结合伤情鉴定以及其他证据综合作出的判断都不一定符合客观真实，听证员判断错误情有可原，且并无证据证明听证员存在故意或者重大过失，因此不应该追究听证员的听证责任。

法律专业能力局限是公众参与司法机制中的天然客观现象。有关研究表明，在同为公众参与司法机制的人民陪审员制度中，即使针对人民陪审员设计了岗前培训和任职期间培训，人民陪审员的法律知识水平仍远远达不到审判的要求。① 尽管听证员队伍中也包括法律专家，但多数听证员是法律问题的门外汉，如果听证事项涉及法律理解与适用，应将听证员给出的意见更多定位于社会价值观的

---

① 吴宏耀、古锦平：《刑事法官指引机制研究——以人民陪审员制度改革为背景》，载《经贸法律评论》2021 年第 1 期。

融入，宜从政治效果、社会效果角度加以把握并运用于决定形成过程。评价一名检察听证员是否称职时，其能否公平正直地代表公众发表意见是最为基本的要求，不能简单以其提供的意见在结果端是否导致案件处理错误为追责评价标准，故意实施不履行或不正确履行听证职责的行为，或者其重大过失给案件决定带来严重后果的，才可能涉及责任承担的讨论，但应注意听证员作为公众代表参与司法活动的本质，责任设定及评价应与该定位具有逻辑一致性，而非简单将检察人员司法责任的规定加以套用。在此之外，如果邀请听证员参加听证的原因是基于其专长领域，是否正确发表专业意见也是可能的评价要素之一，但仍需其主观上存在故意或重大过失为追责原则。

高质效听证助推检察工作现代化的路径研究

——以F省为分析样本*

福建省人民检察院课题组**

目 次

---

* 本文系2024年度最高人民检察院检察听证理论研究课题“高质效听证助推检察工作现代化的路径研究——以F省为分析样本”（课题编号：ZGJAGB2024T07）的阶段性成果。

** 课题组负责人：江耀，福建省人民检察院案件管理部主任、三级高级检察官。课题组成员：张旻，福建省人民检察院四级高级检察官助理；高永秀，福建省福州市长乐区人民检察院第六检察部主任、一级检察官；吴琴，福建省人民检察院三级高级检察官；陈冰溶，福建省福州市长乐区人民检察院第六检察部检察官助理。

全面推开检察环节公开听证工作，是最高人民检察院从我国司法的人民属性出发作出的重要部署，也是实现检察工作现代化的必由之路。检察听证制度运行以来，检察机关在具体适用中遭遇了办案理念偏差、实质化不足等实践困境，在一定程度上阻碍了检察工作现代化的实现。本文以实证考察为切入点，以F省近三年检察听证为样本，通过价值正当化、案件类型化、适度诉讼化、程序规范化四个方面促进检察听证理念、体系、机制、能力建设，实现高质效办理，助推检察工作现代化。

一、缘起：高质效听证与检察工作现代化的内在逻辑

（一）契合理念现代化的内在品质

检察工作现代化以理念现代化为先导，其归根结底就是遵循习近平新时代中国特色社会主义思想，把全过程人民民主融入检察实践。[①] 高质效听证作为检察工作的重要组成部分，其核心理念与检察工作现代化的要求高度契合。

① 冯键：《检察工作理念现代化的内涵与实现路径——以服务保障广东高质量发展和现代化建设为视角》，载《人民检察》2023年第12期。

人民是法治建设的主体源泉，推进全面依法治国，必须确保人民成为法治建设的参与者和受益者。检察机关以听证方式引导人民有序参与检察工作，听证员通过听取相关承办人、当事人的意见，对案件发表中立看法，将人民的实践智慧融入检察工作中。同时，拓宽人民群众监督司法的渠道，打破检察办案的封闭式状态，以看得见、听得懂、感受得到的法治形式，有效化解案件的“法结”和当事人的“心结”，提高司法公信力。① 高质效听证是检察机关贯彻落实“司法为民”理念的重要举措，确保人民满意度与司法公正的双重提升。

（二）回应体系现代化的现实要求

检察工作现代化以体系现代化为重点，促进检察工作体系现代化，必须在新的起点上推动“四大检察”全面协调充分发展。最高人民检察院发布的《人民检察院审查案件听证工作规定》（以下简称《听证工作规定》）将检察听证纳入“四大检察”，为深化履行法律监督职责提供遵循。

高质效听证有利于做优刑事检察、做强民事检察、做实行政检察、做好公益诉讼检察。第一，做优刑事检察。在听证过程中依照“复杂案件精细办”理念，切实听取诉讼参与人以及公众意见，从“治罪”向“治理”延伸。第二，做强民事检察。在民事检察监督中开展听证，有助于检察机关及时发现并推进社会治理的重点和难点问题，高质效制发社会治理类检察建议。② 第三，做实行政检察。行政案件解决的是官民纠纷，当事人抵触对抗情绪严重。高质效行

① 谭金生、陈荣鹏：《检察听证制度实践的审视与完善》，载《西南政法大学学报》2022 年第 2 期。

② 周晓霞、孙玉娜：《民事诉讼监督案件听证的法理基础及制度完善》，载《中国检察官》2023 年第 3 期。

政检察听证为当事人构建一个理性交流的平台，化解因行政诉讼“程序空转”给当事人带来的心结和法结。[①] 第四，做好公益诉讼检察。公益诉讼维护的是不特定多数人的利益，高质效检察听证以“看得见”“听得见”的形式法意与民意有机连接，确保公共利益的高效救济。

（三）夯实机制现代化的制度支撑

机制现代化是检察工作现代化的关键，是“高质效办好每一个案件”的重要保障。高质效听证作为新时代检察办案的重要组成部分，是夯实检察工作机制现代化的重要基础。

高质效听证有助于构建权责明晰、公正高效的检察权运行机制。在理想的听证场景中，听证参与人围绕案件事实、证据采信等逐一阐述意见，为处理案件查明事实、分清是非。高质效听证集收集信息、确认事实、咨询论证为一体，检察人员借助听证平台，汇聚多元视角形成综合性听证结论，以“兼听”避免“偏信”，矫正因办案惯性形成的偏颇，促进检察机关更加客观公正地认定事实、适用法律。[②] 检察听证制度通过听取各方意见、加强外部监督，持续完善检察权运行机制，让办案过程更透明、办案效果更公正，为检察工作机制现代化注入新动能。

（四）顺应能力现代化的时代趋势

习近平总书记明确指出，“现代化的本质是人的现代化”。检察工作现代化的本质亦是检察人员的现代化。检察机关要主动适应新

① 金石、汪松林：《完善行政检察听证制度的路径设计》，载《中国检察官》2023 年第 22 期。

② 李子龙：《检察听证的二元功能与程序优化》，载《暨南学报（哲学社会科学版）》2024 年第 6 期。

时代法治需求，努力打造一支革命化、正规化、专业化、职业化的高素质检察队伍。① 高质效听证对检察人员的能力提出了更高要求，顺应检察工作能力现代化的时代趋势。

其一，高质效听证要求检察人员具备扎实的法律素养和丰富的实践经验，能够准确把握案件事实和法律适用，确保听证工作的质量和效率。其二，高质效听证还要求检察人员具备良好的沟通能力和组织协调能力，为当事人提供多方参与、平等对话、查清事实、消除矛盾的平台。其三，高质效听证还促进了检察人员学习新知识、新技能的动力，如学习运用现代信息技术手段、掌握新的听证方式等，以适应检察工作现代化的需要。

二、 发展：检察听证助推中国式现代化的实践样态

2021 年 1 月至 2023 年 12 月，F 省检察机关共开展听证 8336 场。通过归纳分析，F 省检察听证工作在助推中国式现代化上呈现以下特点。

（一） 积极表现

1. 顶层设计：规范性文件不断出台。各地注重建章立制，促进检察听证工作规范开展。部分地市级检察机关出台《关于规范开展检察听证工作的指引（试行）》，制发《关于进一步做好检察听证工作的提示》，规范听证工作开展。部分基层院制定《人民检察院听证员库建设暨听证员选聘管理实施意见》《听证员履职管理办法（试行）》《办理减刑、假释、暂予监外执行审查案件听证工作规定（试行）》等规范性文件，助推“高质效办好每一个案件”落地

① 鲁建武：《检察工作现代化的价值目标及实现路径》，载《人民检察》2024 年第 6 期。

生根。

2. 听证数量：案件数量大幅度上升。F 省检察机关充分发挥检察听证在提升案件质效、促进司法公正中的重要作用，听证案件数量持续上升。2021 年，全省检察机关累计开展听证 1774 场。2022 年，全省检察机关共对 3389 件案件进行听证，数量是上年同期的 1.91 倍。2023 年，全省共开展检察听证 3773 件次，同比增长 34.8%。其中基层院听证 3685 件次，占比 97.67%。检察听证呈现大幅度增长趋势。

3. 听证形式：公开听证成为“主旋律”。2022 年 1 月至 2023 年 12 月，公开听证案件 7209 件，占全部听证案件的 86.7%。其中 2021 年公开听证案件 1485 件占该年度听证案件的 83.7%；2022 年公开听证案件 2979 件，占该年度听证案件的 87.9%；2023 年公开听证 3282 件，占该年度听证案件的 87%。同时，F 省因特殊的地缘关系，拥有众多涉侨、涉台文物和文化遗产，为保护和活化利用涉侨、涉台文物，各地在相关案件中注重以听证实效为目的，因地制宜灵活运用公开听证。如 F 市 M 区院在办理一起故意损毁名胜古迹案时，考虑案件具有涉侨因素，专门向海外华侨同步互联网直播，并邀请文物保护主管部门等代表到会旁听。X 市 J 区院在发现某涉台祖庙主体建筑存在安全隐患和外观陈旧破损后，将听证会“搬”到祖庙前广场，邀请文史专家、涉台文物保护志愿者共同为该涉台祖庙制定“抢救”方案。

4. 案件类型：“四大检察”实现全覆盖。检察听证从刑事检察领域不断深化拓展至民事、行政、公益诉讼检察领域，听证案件类型已实现“四大检察”业务全覆盖。2021 年 1 月至 2023 年 12 月开展检察听证案件中民事诉讼监督 834 件，占比 9.3%；行政诉讼监督 664 件，占比 7.4%；公益诉讼 1063 件，占比 11.9%；刑事申诉案件 221 件，占比 2.5%。其中，2023 年全省开展的检察听证 3773

件次中，刑事检察占比34.8%，民事检察占比9.5%，行政检察占比8.3%，公益诉讼检察占比13%。全省共有65个基层院实现了“四大检察”全覆盖，其中P市等3市地区所辖基层院全部实现了“四大检察”全覆盖。

（二）存在不足

1. 办案理念：听证的目标认识不足。一方面，“为听证而听证”，片面追求听证数量。部分检察机关未严格将具有重大社会影响或显著争议作为适用听证的关键标准，两级检察机关听证案件多集中在相对简单、分歧较小的案件，如2023年拟不起诉案件占比49.5%，其他案件类型数量较少。另一方面，注重协调一致，而非查明争点。检察听证在实践运作中以“化解矛盾”为优位认知，偏重于排除歧义、协调一致。在适用检察听证案件中，多数听证员同意检察机关初步处理意见占听证总案件数的93.6%，其中2021年占90.1%、2021年占93.1%、2023年占92.8%。检察听证成为协调分歧的专门场合，① 而逐步弱化了解疑难问题、评价是非对错的司法办案模式。

2. 参与主体：未形成均衡分立结构。在参与主体上，听证主体之间未形成了“听证对向性”结构。其一，部分当事人未实际参与。部分检察机关在缺少案件当事人的情况下就召开听证会，该听证实质上更接近于专家意见征求程序。其二，听证员组成单一随意化。目前听证员的选取由检察机关主导，检察机关倾向于邀请人大代表、政协委员及人民监督员，如在2023年参与案件的听证人员中，人大代表、政协委员及人民监督员合计占比超过70%。当部分听证员成为固定邀请的对象时，其是否会碍于情面而迎合司法机关

① 孙皓：《从检察听证到刑事审前程序诉讼化》，载《比较法研究》2023年第1期。

拟处理决定不免受到质疑。① 其三，律师帮助权受一定限制。《听证工作规定》未明确赋予被追诉人申请律师帮助的权利，法律援助律师出席率较低，当案情复杂、争议较多时，无辩护律师协助的被追诉人无法有效阐述个人立场。

3. 运行机制：听证办案实质化不足。在运行机制上，当前的检察听证示证不足、辩论缺失，存在“走过场”的形式主义。根据《听证工作规定》第 14 条、第 15 条，举行听证会大致表现为“确认人员是否到场—承办人作为主持人介绍案情及听证问题—当事人及其他参加人说明情况—听证员提问、讨论并发表意见—当事人最后陈述—主持人总结”。从整个流程看，听证会并未专门设置一个围绕争议焦点进行质证、辩论的环节。② 在实践的听证案例中，案件争点笼统归结为“是否支持检察机关的拟处理意见”，难以对案件细节逐一开展辩论。③

4. 结果落实：听证意见效力虚化。在结果落实上，听证员“参与”之名未能充分转化为“参与”之实。④ 根据《听证工作规定》第 16 条⑤的规定，听证结果仅供参考，听证员主要享有表达意见的权利，而不具备直接参与案件结果决策的权利。在当前司法实践中，是否采纳以及怎样采纳听证员意见由检察人员掌握，听证员往往无从得知其意见在最终决定中的应用结果。相较于案件其他证据

① 李子龙：《检察听证的二元功能与程序优化》，载《暨南学报（哲学社会科学版）》2024 年第 6 期。

② 谭金生、陈荣鹏：《检察听证制度实践的审视与完善》，载《西南政法大学学报》2022 年第 2 期。

③ 孙皓：《从检察听证到刑事审前程序诉讼化》，载《比较法研究》2023 年第 1 期。

④ 于丽红、邓洪涛：《论检察听证制度诉讼化改造》，载《江西社会科学》2022 年第 9 期。

⑤ 《听证工作规定》第 16 条规定：“听证员的意见是人民检察院依法处理案件的重要参考。拟不采纳听证员多数意见的，应当向检察长报告并获同意后作出决定。”

材料，听证意见并不具有独特的法律效力，法官往往也不会采信检察听证形成的证据材料。听证意见运用不充分、效力虚化，制约了检察听证深入发展。

三、分析：检察听证制度落差衍生的根源

为弥补检察听证在办案理念、运行机制等方面的不足，要厘清检察听证制度落差衍生的根源，加快推进检察工作现代化。

（一）实践功能价值定位局限

检察听证具有落实“全过程人民民主”的政策功能，实现定分止争的司法功能，以及化解矛盾纠纷的社会治理功能，其中，司法功能是最基础的功能。[①] 但遗憾的是，检察机关往往把社会治理功能摆在了更加优先的位置，使检察听证逐渐趋于形式化。归根结底，是检察听证制度创设的初始动机局限了新时代听证的实践定位。

我国的检察听证制度最初适用于控告申诉范畴，[②] 该制度的初始动机为高效化解信访矛盾。在延续处理涉诉信访的传统思路下，[③] 检察听证成为辩论主义元素缺乏下的“走过场”。辩论主义主要可分为两大部分：一是事实提出原则，即主张责任，强调裁判的基础必须源自当事人在庭审中提出的主张；二是证据提供责任，又称举证责任，要求庭审所调查的证据原则上以当事人提出申请为限。[④]

① 谭金生、陈荣鹏：《检察听证制度实践的审视与完善》，载《西南政法大学学报》2022 年第 2 期。

② 最早可追溯至 20 世纪末的《人民检察院办理民事行政抗诉案件公开审查程序试行规则》《人民检察院刑事申诉案件公开审查程序规定（试行）》。

③ 孙皓：《从检察听证到刑事审前程序诉讼化》，载《比较法研究》2023 年第 1 期。

④ 段文波：《庭审中心视域下的民事审前准备程序研究》，载《中国法学》2017 年第 6 期。

一直以来，庭审实质化改革的“天敌”就是忽视辩论主义原则而产生的法官预判、“先定后审”现象①。而听证如果偏于协调一致的成色，而无激烈对立的双方辩论，无疑表明“先定后听”的问题延伸至审前程序，辩论原则在审前听证中形同虚设。受延续“推动信访矛盾及时化解”的初始动机影响，检察机关忽视了辩论主义的应有地位，在听证会的实际场景中，几乎见不到所谓的辩论或对抗，听证员的评议意见更多是起到了润滑各方的潜在摩擦、促成共识的作用。这解释了，如今对检察听证的广泛宣传为何总聚焦于政治层面的宏观论述，而缺乏对法律细节的深入解读。②

（二）适用范围过于宽泛

随着听证制度的发展，检察听证的适用范围呈现不断拓展趋势，为检察听证发展奠定良好基础的同时，也为听证程序的滥用埋下隐患。

《听证工作规定》第 4 条③明确规定了检察听证的适用范围，其几乎涵盖检察机关处理的案件类型，不论是事实认定的争议，还是法律适用、案件处理等争议，亦是重大社会影响都可以举行检察听证。这种规范方式明确了检察听证的适用范围，但在实践应用中存在一定差异：

其一，部分检察机关在理解“听证审查工作全覆盖”时存在偏

① 龙宗智：《庭审实质化的路径和方法》，载《法学研究》2015 年第 5 期。

② 孙皓：《从检察听证到刑事审前程序诉讼化》，载《比较法研究》2023 年第 1 期。

③ 《听证工作规定》第 4 条：“人民检察院办理羁押必要性审查案件、拟不起诉案件、刑事申诉案件、民事诉讼监督案件、行政诉讼监督案件、公益诉讼案件等，在事实认定、法律适用、案件处理等方面存在较大争议，或者有重大社会影响，需要当面听取当事人和其他相关人员意见的，经检察长批准，可以召开听证会。人民检察院办理审查逮捕案件，需要核实评估犯罪嫌疑人是否具有社会危险性、是否具有社会帮教条件的，可以召开听证会。”

差，错误地把“全覆盖”等同于所有案件均可适用正式听证会。适用听证程序的案件范围已显著扩大，不再局限于原有明示列举的案件类型，如司法救助、审查起诉、制发社会治理检察建议等都在实践中大量适用了听证程序。其二，《听证工作规定》第 4 条的模糊表述令办案者有了过大的机动空间。为追求听证案件数量提升，个别检察机关借此选取争议较小或案情简单的案件组织听证，存在为听证而听证的情况。相反，对于那些存在多个争议点、需要深入质证及辩论的案件，只要它们不扰乱诉讼秩序的稳定性，听证程序的启动又被认为多此一举。这样既损害检察听证的严肃性，也阻碍人民群众在检察听证中发挥积极作用。

（三）检察权审前主导优势

在审前程序中，检察机关处于主导地位，特别是对于刑事案件，检察机关在侦查阶段掌握制衡措施，有效打破公安机关的权力垄断现象，并在审查起诉阶段拥有近乎排他的决策权。检察机关在审前享有的多项权能同审查起诉的主导性叠加时，检察机关在审前程序中的影响力便足以占据显著优势。①

由于检察机关享有较大机动空间，并且缺乏足够的外部压力，审前听证无法全面呈现司法模型的关键要素。一是听证参与主体的结构难以呈现均衡分立关系。由于听证员由检察机关确定，且当事人对听证员的选取没有异议权，具有审前主导优势的检察机关倾向于选取较为熟悉的听证人员，听证员的确定流程及人员配置仅在表面维持了中立性。加之当事人不享有未参与听证的权利救济途径，亦不享有律师帮助权，加剧检察机关单方垄断的线性结构。二是参与人员的行为成为可调控对象。作为执法办案的关键角色，承办检

① 孙皓：《从检察听证到刑事审前程序诉讼化》，载《比较法研究》2023 年第 1 期。

察官有机会借助听证平台引导听证评议趋向于自己的预设结果，听证员所具有的沟通民意、论证咨询等多元功能无法充分展现。[①] 三是听证意见对检察机关无强制约束力。听证员通过表决形成的意见，仅是承办检察官形成最终决定的重要参考。对于这一意见的重要程度、如何参考，目前依赖检察官的个人判断。此种相对薄弱的效力落实机制，不利于纠正检察官因长期办案形成的固有偏见。

四、 路径： 高质效办理检察听证的建议

（一）以“司法公正化”增强听证制度理念

检察听证的功能定位对其程序运行机制及规则的构建起着导向作用。为实现高质效办理检察听证，应以司法公正化增强听证制度理念，指引检察听证制度的构建和完善。

如前所述，当前检察机关受处理信访的传统思路影响，将“化解矛盾”摆在了更加优先的位置，最终导致检察听证办案理念不足、形式化严重等一系列问题。实际上，检察听证司法功能的实现是其社会治理功能得以进一步发挥作用的前提，这源于检察机关作为司法机关的本质属性，检察机关主要依靠公正司法来达到社会治理目标，这是其区别于与一般信访部门的关键所在。而检察听证作为审查办案的重要手段，其运行机制及规则的构建理应围绕确保公正司法展开。[②] 为促进检察听证工作的正当化，实现定分止争的司法功能，应在听证过程中充分发挥辩论主义塑造听证参与者行为逻辑的基础作用。作为“听”之主体的检察机关和听证员的心证形成

① 谭金生、陈荣鹏：《检察听证制度实践的审视与完善》，载《西南政法大学学报》2022 年第 2 期。

② 谭金生、陈荣鹏：《检察听证制度实践的审视与完善》，载《西南政法大学学报》2022 年第 2 期。

必须受制于两造之间的辩论活动，尤其是检察机关不得以所谓的预断僭越两造主体对事实主张和证据提出的主导权。作为“证”之主体的当事人、公安机关等应具有提出事实主张及举证的权责，从而以司法公正化促进检察听证理念现代化。

（二）以“案件类型化”优化听证工作体系

鉴于司法资源的有限性，应遵循比例原则，通过“案件类型化”合理决定适用检察听证程序的案件范围，优化听证工作体系。

第一，细化适用听证的案件类型。《听证工作规定》第 4 条所列的案件类型符合检察履职的现实需求，但有两类案件需进一步细化标准：一是适用听证程序的民事、行政诉讼监督案件应限定为拟作不支持监督申请决定的案件。若检察机关作出的是支持监督申请的决定，那么后续还有审判机关的裁判为当事人提供救济渠道，为其设置听证程序意义不大。二是适用听证程序的不起诉案件范围限为相对不起诉、有被害人的不起诉和有重大社会影响的不起诉。① 相对不起诉是未经审判而在实体法范畴确定“有罪”的情形，有被害人的不起诉涉及双方矛盾，而有重大社会影响的不起诉涉及社会关注与公共利益，均需以听证方式审慎处理。

第二，区分“应当型”和“可以型”听证案件。前者由检察机关根据案件具体情况决定，后者则要求全面推行听证程序。其中，应注意：一是“应当型”案件主要涵盖羁押必要性审查、公益诉讼及提交检委会审议的案件，这 3 类案件往往案情疑难复杂或关乎公益损害与否的判断。② 二是“可以型”案件不包括纯粹法律适用争

---

① 谭金生、陈荣鹏：《检察听证制度实践的审视与完善》，载《西南政法大学学报》2022 年第 2 期。

② 谭金生、陈荣鹏：《检察听证制度实践的审视与完善》，载《西南政法大学学报》2022 年第 2 期。

议的案件。听证员作为民意代表参与评议，其主要优势是对事实认定的把握。将纯粹法律适用争议的案件纳入听证范围，不仅可能对决策产生负面影响，还可能增加不必要的司法成本。[①]

（三）以“适度诉讼化”完善听证制度机制

在现有的听证机制内，听证流程流于形式，各项权能难以转换为实质的司法化模型。重新审视检察听证的发展路径，应以诉讼化改造，实现听证制度机制更加完善。

一方面，在听证过程中建立稳定的争点析出机制。在辩论主义下，心证的形成源于两造主体提出事实和证据，而证明的必要性始于争议，因此在流程上必须有专门的环节以整理争点。[②] 对此，可增设“听证主持人归纳争议焦点，并进行提问—双方就争议焦点发表意见，并结合证据展开辩论—听证员进行提问，形成听证意见”环节，使事实和证据在听证过程予以充分展示。同时，不可将争点泛化概括为“是否支持检察机关的拟处理意见”，应注重实现听证内容的可拆分性，针对案件关键细节展开逐一辩论。[③]

另一方面，在听证结果上建立意见效力落实机制。听证意见应对审查结果产生实质性影响，否则诉讼化改造终将有名无实。因此，有必要设置听证结果反馈机制和听证员复议机制，制约检察官的自由裁量权。一是设置听证结果反馈机制，要求检察机关以书面形式向听证员告知听证意见是否被采纳，保障听证员能及时获知听证结果的运用状态。二是当听证意见与最终的审查决定不一致时，应赋予听证员申请复议的权利，若复议后仍存在分歧，则呈报检察

① 霍敏：《检察听证制度完善研究》，载《国家检察官学院学报》2022 年第 1 期。

② 段文波：《庭审中心视域下的民事审前准备程序研究》，载《中国法学》2017 年第 6 期。

③ 孙皓：《从检察听证到刑事审前程序诉讼化》，载《比较法研究》2023 年第 1 期。

长或检委会决定。①

(四)以“工作规范化”提升听证队伍能力

高质效检察听证强调在“听”与“证”的良性互动中，实现定分止争的司法功能。为此需要以“工作规范化”制约检察机关的审前程序的主导优势，强化各方主体的听证能力。

第一，规范和完善检察机关主持工作。针对不同案件类型开展检察听证业务能力培训，着重提升检察官的综合协调能力和释法说理能力。增设反馈回访机制，对于具有重大社会影响的听证案件，要求检察官运用反馈回访方式，听取回访意见，改进工作方式，促进检察工作能力提升。②

第二，规范和完善听证员选任流程。建立听证人才库，依据不同案件类型确定邀请范围。对于行政诉讼监督案件，除邀请作为涉案行政主体外，亦可邀请同级人民政府和上级行政机关相关工作人员列席听证会。③ 同时，赋予当事人对听证员选取的异议权，当事人有权指出并申请排除那些可能因偏见影响案件公正处理的人参与听证会，以此避免外部因素影响听证员的能力发挥。

第三，规范和完善当事人及律师参与机制。根据《听证工作规定》第6条④可推知，当事人及其法定代理人、诉讼代理人、辩护

---

① 于丽红、邓洪涛：《论检察听证制度诉讼化改造》，载《江西社会科学》2022年第9期。

② 李子龙：《检察听证的二元功能与程序优化》，载《暨南学报（哲学社会科学版）》2024年第6期。

③ 张永进、邵威：《从行政型到司法型：检察听证制度改革研究》，载《铁道警察学院学报》2023年第6期。

④ 根据《听证工作规定》第6条的规定，听证会参加人除听证员外，可以包括案件当事人及其法定代理人、诉讼代理人、辩护人、第三人、相关办案人员、证人和鉴定人以及其他相关人员。

人等均为“可以”选择的参加者。为防止听证会异化为专家讨论会，应进一步保障被追诉人参加检察听证程序的权利，将被追诉人纳入“应当”参加者范围。同时，赋予被追诉人申请律师帮助的权利，以此提升“证”之主体之间的对抗能力。

检察听证融入海南自由贸易港建设的实践检视及制度完善进路

张　国　邹志云　姚　勋*

目　次

* 张国，海南省人民检察院第四检察部主任；邹志云，海南省陵水黎族自治县人民检察院党组书记、检察长；姚勋，海南省陵水黎族自治县人民检察院第四检察部主任。

（一）正本清源——实践中争议问题的厘清

（二）探索创新——类案集中听证制度的设想与初探

《中共中央关于加强新时代检察机关法律监督工作的意见》强调，要引入听证等方式审查办理疑难案件。《最高人民检察院关于充分履行检察职能服务保障海南自由贸易港建设的意见》要求，指导海南检察机关深入推进检察听证工作，坚持“应听证尽听证”，充分发挥听证在审查疑难复杂案件和化解矛盾纠纷中的作用，提升检察听证工作质效。检察听证制度是检察机关深化检务公开、推进社会治理的重要实践，有利于增强决策过程的公开性、民主性和公正性。近年来，海南检察机关聚焦海南自由贸易港（以下简称自贸港）风险防控，认真贯彻落实最高人民检察院关于检察听证工作的部署安排。课题组对近年来海南检察听证实践进行检视，提出制度完善构想，力求推动检察听证工作规范高效发展。

一、检察听证对自贸港建设的功能价值

（一）实现全过程人民民主的有效途径

习近平总书记强调，全过程人民民主是社会主义民主政治的本质属性，是最广泛、最真实、最管用的民主。发展全过程人民民主是中国式现代化的本质要求，新时代检察机关必须写好全过程人民民主的“检察答卷”。在服务保障自贸港的建设过程中，检察机关应当以人民为中心，努力搭建好人民参与司法、监督司法的“桥梁”，让检察机关听到群众的声音，才能更好地将人民群众的经验和智慧融入检察办案的各环节，自贸港的“中国特色”才得以充分彰显。检察听证制度将依法独立行使检察权与保障人民群众的知情权、参与权、表达权和监督权相结合，是检察工作群众路线的重要

体现，也是以人民为中心的发展思想在检察工作中的重要实践。① 一方面，听证活动吸收具有广泛代表性的社会人士作为听证员，对检察机关的拟处理决定进行评议，从不同角度提出办案和监督的意见建议，促进司法公平公正。另一方面，检察机关主动接受群众监督，由多方共同参与，在公开、透明的环境下作出司法审查结论，以实现程序和实体的正义，体现民主司法的内涵。

（二）完善社会治理的重要举措

海南通过积极探索“党委领导、政府负责、社会协同、公众参与、法治保障”的社会治理“自贸港新路径”，不断优化自贸港法治化营商环境。② 作为对“枫桥经验”的创新和发展，检察机关以听证为“支点”，可以在社会治理层面展现更大作为。案件当事人在检察机关的主持下现场分析讨论、发表意见，深度参与涉及自身权益的争议问题，其对检察机关处理决定的可接受程度将得到有效提升。在社会治理类检察建议书制发前，将听证会作为检察机关与被建议单位平等对话的平台，有利于双方建立起对被建议事项的深层认知，形成工作合力和联动效应。通过公开听证，将法律知识和法治声音传递给广大人民群众，不断提升社会治理水平。检察听证的常态化、规范化还将进一步督促检察机关在法治轨道上参与社会治理，充实我国社会治理的法律制度体系，进一步发挥“案结事了人和”的社会治理法治效能。③

---

① 参见霍敏：《检察听证制度完善研究》，载《国家检察官学院学报》2022 年第 1 期。

② 参见邢东伟、刘青、翟小功：《社会治理创新保障自贸港建设行稳致远》，载《法治日报》2023 年 12 月 22 日第 2 版。

③ 参见韦九报、刘元见、杨洋：《社会治理现代化视域下检察听证症结与破解机制》，载《中共桂林市委党校学报》2023 年第 4 期。

（三）推进廉政风险防控的有力举措

作为自贸港建设成败得失的最关键变量，风险防控的水平决定了开放水平，风险防控体系关乎国家治理体系在非常态时期的表现与应对能力。[①] 自贸港金融政策的实施，不可避免地滋生出非法利用跨境直接投资交易、跨境融资等各类新型金融犯罪，这要求检察机关准确把握合法金融创新与金融违法犯罪的界限。随着我国轻罪案件大幅上升，更要求检察机关全面准确贯彻宽严相济刑事政策。在自贸港建设与检察改革的背景下，海南检察机关的不捕率、不诉率持续保持高位。较大的自由裁量权使检察人员面临的廉政风险倍增，如何构建与自贸港相适应的廉政风险防控机制，既不让检察权虚化，力避职能空转，又不让检察权异化，沦为谋取私利的工具，是当前检察机关面临的全新课题。[②] 检察听证是堵住风险点、筑牢防火墙行之有效的举措。作为一种检察权运行制约机制，检察听证通过其程序的抑制、分工和间隔等功能，实现对检察官自由裁量权的监督制约，促使检察官在自由裁量中作出理性选择。对于检察机关拟作出不捕不诉处理决定的案件，对群众诉求强烈、矛盾突出或者重大社会影响的案件，只有落实好“应听证尽听证”，确保检察权依法规范行使，才能切实给检察权“加把锁”，实现廉政风险的有效防控。

二、 海南检察听证工作成效

2022 年初，最高检印发《人民检察院听证员库建设管理指导意

① 参见谭波：《海南自贸港社会治理、法治制度、风险防控体系的一体化设计》，载《今日海南》2020 年第 10 期。

② 参见张德昌、齐同富：《海南自贸港建设背景下检察人员廉政风险防控初探》，载《今日海南》2021 年第 12 期。

见》，海南检察机关立即响应，迅速完成了省、市、县三级检察院听证员库建设全覆盖。近年来，海南检察机关坚持常态化、规范化开展检察听证，努力提供更优质的法治产品、检察产品，形成了以下工作成效：

（一）合理选择听证地点，由“办公楼”至“案发地”

为深入贯彻落实习近平生态文明思想，牢固树立践行绿水青山就是金山银山理念，将听证场所从“办公楼”搬到“案发地”，以鲜活案例促进人民群众法治观念养成，守护海南得天独厚的生态环境。为了妥善解决三亚崖州湾科技城建设与施工区域古树保护之间的矛盾，三亚市城郊检察院针对一起公益诉讼案件邀请古树名木保护专家、人大代表、林业主管部门工作人员、建设单位代表等20余人在施工现场的古树下召开公开听证会。参会人员围绕古树保护的原则、保护与项目建设关系等相关问题进行了充分论证。这场在“案发地”召开的听证会让大家更直观地接触古树，了解古树与建设项目之间的关系，使各方发表的意见更真实、更准确，进而凝聚参会人员共识，合力打造自贸港科创高地。

（二）聚焦矛盾争议化解，从“明法理”到“讲人情”

坚持和发扬新时代“枫桥经验”，最大程度化解矛盾，维护社会稳定，是检察听证的价值追求。对于矛盾争议较大的案件，海南检察机关不仅仅满足于案件办结，而是突出检察听证在争议解决中的实质性作用。如陵水黎族自治县某机场项目扩建征地，当地村委会两个经济社对征地所涉及土地权属发生争议，历经数年的行政诉讼，问题仍未解决，征地补偿款长期搁置未发。检察机关受理该案，在全面查证后决定采用公开听证的方式处理争议、化解矛盾。检察机关通过邀请县政协副主席、镇委书记、村委会两委干部以及两个经济社各推荐的 15 名村民代表参加听证会，充分发挥了检察听证在搭建桥梁、找准症结、释法说理、矛盾化解等方面的优势作用，既“明法理”又“讲人情”，最终两个经济社同意会上商定方案，推动了行政争议实质性化解。

（三）优化听证人员组合，以“强外脑”促“高质效”

当前海南检察机关入库的听证员涵盖人大代表、政协委员、专家学者、基层组织代表、法律工作者等各行各业代表。三级院案件管理部门综合研判入库听证员的专业特长，开展听证员分类工作。根据听证员的个人专长，将入库人员分成法律型听证员、专家型听证员和社会型听证员三类，以满足听证案件不同需求。三类听证员灵活抽选、协同配合、优势互补，使案件听证达到最佳效果。三亚市人民检察院在办理一起监外执行监督案件时，与监狱就罪犯的病情是否符合暂予监外执行法定条件等问题在法律适用方面存在分歧。根据该案的具体特点，检察机关选择邀请了医师、律师、人大代表、政协委员等专业性、代表性较强的共 5 名听证员参加听证会。听证员充分发挥“第三方”作用，客观中立发表意见。检察机关通过借势、借智、借力规范暂予监外执行，实现了“高墙内”的司法公正。

三、当前检察听证工作的现实困境及检视

在海南各级检察机关的努力下，检察听证工作虽然取得了一定成效，但距离最高检“应听证尽听证”的要求还存在较大差距，在听证数量、覆盖范围、社会影响、规范化程度等方面仍存在短板和不足。

（一）数量少比例低范围窄，检察官适用存有梗阻

海南检察机关开展听证数量与全省检察机关办案总量相比，比

例较低。而听证案件类型主要集中在拟不起诉案件，民事及行政诉讼监督案件、羁押必要性审查案件相对较少。听证案件类型覆盖面窄，在一定程度上也阻碍了听证的实质化开展。个别检察官认为检察听证是软要求、副产品，相对于案件办理的硬任务，可有可无，不适应将相对封闭的司法办案活动放在“聚光灯”下，尚未认识到听证机制对于化解社会矛盾，增强检察公信力的积极意义。

（二）群众参与积极性有限，社会知晓度有待扩宽

在信息网络全面普及的当下，热点案件借助短视频、微博等新兴自媒体平台迅速广泛传播，短时间内便能汇聚大量的话题关注度。民众对司法活动的知情意识和参与意识呈现出前所未有的高涨态势，检察听证正是扩大新时代检察机关向社会开放的重要载体。在当前情形下，海南各级检察机关对多起案件发布了公开听证公告，但主动报名参与人员较少。而开展听证又主要集中于线下，网络直播较少，导致群众知晓度、参与度有限。对于具有普遍指导意义及重大社会影响的听证案件，不善于总结宣传，未能让检察听证真正走入群众生活。

（三）各地工作开展不平衡，规范化程度仍需提升

2023 年，听证工作开展数量较多的六地检察机关占海南检察听证总数的一半以上。在多地检察机关已将听证作为推动社会治理、提升办案质效和检察公信力的重要手段、常用方式的趋势下，还有个别地区尚未打破思维禁区，尚未实现从“为听证而听证”向“应听证尽听证”的理念转变。听证工作的规范化开展是保障检察听证工作质效的基本前提，当前各地仍存在案卡填录不规范、听证笔录制作不规范、未同步录音录像等问题。

四、检察听证制度完善之设想

（一）正本清源——实践中争议问题的厘清

1. 关于听证案件的范围。“四大检察”在检察履职的各个环节或多或少都存在着听证的需求，而较低的听证比例体现出海南检察机关听证工作与办案规模不匹配。海南各级院的案件管理部门经常会收到业务部门提出的关于某类案件不在最高检制定出台的规范和指引中，是否可以开展听证的咨询，如检察机关拟对犯罪嫌疑人适用缓刑量刑建议的听证。本文认为，在检察机关办理的案件中，无论案件类型，只要涉及事实认定、法律适用和案件处理等问题的，均可以召开听证会，检察机关可以根据工作需要和实际情况进行适用。理由在于：其一，《听证工作规定》第4条对检察听证案件适用类型使用了“等”字，属不完全列举，条文并未详尽地列举所有可以开展检察听证的案件类型；其二，在检察业务应用系统关于审查案件听证工作情况统计基础表中，听证案件类型就列举了21类，另有“其他类型案件”作为兜底统计项，表明必然存在以上案件类型以外的听证案件；其三，最高检及其各部门在近年来发布的相关典型案例中，案件范围也不限于规范和指引中明确的几类案件，如湖南省长沙市星城地区人民检察院关于史某某诈骗罪减刑检察听证案、广东省深圳市光明区人民检察院关于刘某某监护权变更评估涉未成年人案件检察听证案等。

2. 对被害人拒不出席听证会的处理。检察听证会的参与人员具有广泛性，而哪些人员是必须参加，哪些可以参加，在相关规定及指引中并未明确。司法实务中，难免存在检察机关认为犯罪嫌疑人符合取保候审或是不起诉的条件，而被害人基于未获得理想的赔偿数额等因素，不同意对犯罪嫌疑人变更逮捕措施为取保候审，或者是不同意不起诉的情形。检察机关应当允许与处理结果有利害关系的公民得到一定的法律救济，“听证”则是准司法性的不起诉制度的救济。[①] 而刑事案件的被害人常以各种理由拒绝参加听证会，甚至不同意检察机关召开。调研中，部分案件承办人认为，被害人属于必须参加听证的人员，若不参加，听证会将无法召开。课题组对此持否定态度。邀请被害人参与听证的目的，在于该案件涉及被害人的利益，检察机关给予被害人陈述意见的权利，确保能作出公正的结论。被害人自愿放弃权利，检察机关不应强制。此举虽在一定程度上可能对被害人带来不利的法律风险，却是基于被害人自愿放弃所导致，并不影响听证的继续进行。在司法实践中，若是遇到类似情形，检察人员还应书面或者电话听取被害人意见，记录被害人拒绝参加听证的原因以及对案件处理的意见，并在正式召开听证会时宣读。

3. 非听证员库成员担任听证员的处理。《检察听证工作业务流程、案卡项目、工作文书与统计报表使用指引（2024 年版）》（以下简称《听证工作指引》），规定了在听证员库外邀请人员担任听证员的，经分管领导批准后，由承办检察官负责联系，并向听证工作管理部门反馈。该规定在事实上明确了检察机关可在听证员库外邀请人员担任听证员。相较于直接使用听证员库内的听证员，邀请库外人员参与听证的，应遵守《听证工作规定》第 7 条有关听证员的基本条件的规定。实践中，办案人容易忽视“与案件没有利害关系”这一要求。例如，在刑事案件中邀请犯罪嫌疑人所在单位的同事或领导，邀请可能涉及不起诉行刑反向衔接中的行政执法单位人员，邀请犯罪嫌疑人认罪认罚具结时的值班律师等。与行政听证要求主持人与办案人分离不同，检察听证会一般由承办案件的检察官

① 参见黄维智：《不起诉制度听证程序研究》，载《社会科学研究》2004 年第 1 期。

主持。有论者质疑，在承办检察官的主持下，检察听证容易让当事人产生走过场、“先定后听”的印象，削弱检察机关的公信力。因此，听证员作为对检察权行使的监督者的属性应更为突出，在听证员库外邀请听证员就更应注重对“与案件没有利害关系”的审查。为了更充分地发挥检察听证查明案件事实、促进矛盾化解的效能，检察机关可邀请相关人员作为列席人员或旁听人员，使其以非听证员的身份参与听证。

（二）探索创新——类案集中听证制度的设想与初探

面对海南检察机关当前听证案件数量少、范围窄以及听证工作各地发展不平衡、不全面等问题，海南省人民检察院案件管理部联合陵水黎族自治县人民检察院以提高案件的质量、效率和效果为导向，研究探索检察类案集中听证制度。通过实践探索，逐步实现了以改革创新的扎实成效推动海南检察听证工作高质量发展，做法及成效体现在以下六个方面：

一是以“类案集中”使听证过程“听得快”。海南检察机关明确了“类案”应是在涉嫌罪名、办案程序、拟处理意见等某一方面应具有相似性的同类在办案件。程序启动应由承办人向案件管理部门提出申请，案件管理部门亦可根据当前拟开展听证的案件情况建议承办人适用。通过“个案分别审查，类案集中听证”的方式，将每批听证案件数量规定在2起至5起，一次邀请，集中听证，缩减了听证员的轮换频次及听证时间，提高了司法效率。

二是以“听前会议”使听证员“听得懂”。在开展听证前五日，由承办人制作拟听证案件的《检察听证案情报告》交案件管理部门，报告内容含有“案情简介”“争议焦点”“法律适用”“拟处理意见”等部分。案件管理部门选取好听证员后，将相关材料交听证员查阅，并告知保密义务。听证会召开当日，由承办人召集听证员在听证会前30分钟召开“听前会议”，向听证员介绍拟听证案件的基本情况，针对案件中涉及的法律问题进一步阐明，便于听证员在听证会上理解观点、明确重点、充分履职。

三是以“集中训诫”使犯罪嫌疑人“听得醒”。对于相对不起诉案件，检察官及听证员一致同意不起诉的，检察官将在听证会结束前对被不起诉人开展集中训诫。通过“公开听证+集中训诫”模式，让行为人真正认识犯罪的危害性，“明其行”“矫其心”，防止再度违法犯罪。

四是以“公开听证”使异议人员“听得服”。类案集中听证要求检察官对辩护人、犯罪嫌疑人、听证员提出的异议当场回应，公开听证过程。如在一起拟作相对不起诉的非法占用农用地案的听证中，犯罪嫌疑人虽认罪认罚，但辩护人作无罪辩护，提出了犯罪嫌疑人实施占用的行为是依据相关规定实施的合法生产经营行为。检察官给予了辩护人充分的时间在听证会上表达观点，再深入阐明犯罪嫌疑人的犯罪构成以及检察机关拟处理决定的依据。听证会详简得当，不走过场，以阳光透明的司法程序，增强了辩方对检察机关拟处理意见的接纳度和信任度。

五是将“办案、听证、普法”融合使人民群众“听得明”。将落实“谁执法谁普法”普法责任制与“应听证尽听证”相结合，形成“办案+听证+普法”工作模式。比如，在对三起拒不支付劳动罪的类案集中听证中，检察机关邀请了综合行政执法局及多家用工企业单位代表参会。听证会上，检察官详细阐明了该罪名的犯罪构成及“行刑反向衔接”机制，在向社会传达检察机关不起诉不等于不处罚理念的同时，有效提升了用工单位的法治意识，实现从办理个案化解矛盾向社会治理延伸，与行政机关共促严格执法、公正司法。

六是以听证员深度参与促制度创新“听得实”。海南检察机关边创新边完善，邀请听证员深度参与检察类案集中听证制度的探索创新，重视并运用好听证员“智囊团”。通过发放《检察类案集中听证意见表》、逐个听取听证员意见等方式，吸纳好的建议，进一步完善制度创新。比如，部分非法学专业的听证员反映主持人语速较快，对一些法律名词未详细解释。基于上述情形，案件管理部门一方面编制了《检察听证履职手册》，帮助检察人员及听证员更好地熟悉听证程序，知晓法律规定；另一方面要求主持人放慢语速，在听证的每一个环节结束前，必须了解会场人员是否理解听证所涉及的证据事实。

检察类案集中听证制度是海南检察机关在中国特色社会主义检察制度、检察规律轨道上的一次有效探索。“甘露时雨，不私一物”，制度通过对同类案件中事实、情节、法律等因素综合对比考量，作出准确的处理决定，起到类案集中普法宣传效果，进一步实现了检察听证常态化，促进了检察听证规范化，推动了检察听证实质化。

申诉案件简易听证制度适用困境与完善

党雪梅　祁晓倩　黄　河　马　麒　倪祖儿*

目　次

---

* 党雪梅，青海省人民检察院案件管理办公室主任、二级高级检察官；祁晓倩，青海省人民检察院案件管理办公室一级检察官助理；黄河，天津市河西区人民检察院第六检察部副主任；马麒，青海师范大学法学与社会学学院副教授；倪祖儿，青海师范大学研究生。

（五）强化简易听证后的跟进工作

（六）充分发挥数字技术提高听证效能

2020年最高人民检察院发布的《人民检察院审查案件听证工作规定》，全文对案件适用范围、原则，听证主体、程序等制度内容予以了明确，该规定的出台基于以往司法实务的经验积累，旨在为今后检察听证工作提供制度保障。虽然《人民检察院审查案件听证工作规定》对检察听证工作进行了制度上的明确，但从近年的检察工作实践来看稍显不足，主要体现在以下几方面：一是检察听证的案件数量仍未明显增长；二是该规定自身存在制度缺陷；三是程序设置烦琐且单一，难以运用到实践中复杂的案件中。[①] 基于此背景，本文以简易听证程序作为研究对象，聚焦简易听证程序的限定案件范围——申诉案件，以期完善申诉案件简易听证制度。

一、申诉案件简易听证之概述

（一）申诉案件简易听证的必要性

1. 落实习近平法治思想的必然要求。习近平总书记指出："要把群众合理合法的利益诉求解决好，完善对维护群众切身利益具有重大作用的制度，强化法律在化解矛盾中的权威地位，使群众由衷感到权益受到了公平对待、利益得到了有效维护。"[②]《中共中央关于加强新时代检察机关法律监督工作的意见》强调："坚持和发展新时代'枫桥经验'，健全控告申诉工作机制，完善办理群众信访

① 参见谭金生、陈荣鹏：《检察听证制度实践的审视与完善》，载《西南政法大学学报》2022年第2期。

② 汪晓东、张炜、王玉琳：《实现中华民族伟大复兴中国梦的关键一步——习近平总书记关于全面建成小康社会重要论述综述》，载《人民日报》2021年7月3日第1版。

制度”。党的二十大报告指出：“必须坚持人民至上”“努力让人民群众在每一个司法案件中感受到公平正义”。

检察机关作为法律监督机关，办理申诉案件是履行法律监督职责的重要环节。检察机关全面推进申诉案件公开听证工作，不断提升案件办理的公开透明，让人民群众以看得见的方式感受到公平正义就在身边。简易听证在实现司法公正上更加高效，有助于通过听证保障申诉人的合法权益。该制度彰显了检察听证的多元参与性、现代性、仪式性，突显了检察听证的透明司法价值、司法公正价值，切实增强了人民群众的司法获得感和满意度。① 简易听证不仅有利于缓解检察听证与实际办案需求之间的矛盾，而且有利于维护社会和谐稳定，厚植党的执政根基。②

2. 促进社会治理的必然要求。申诉案件主要来源于申诉人的申请，背后都关系着信访问题的处置。申诉案件是将信访事项导入法律程序的重要体现，办理申诉案件不仅是办理一个案件，更是做好信访工作的重要内容。检察机关在处理信访问题时积极构建社会矛盾预防化解机制，努力维护人民权益和社会公平正义。申诉案件没有依法及时得到妥善处理，就会导致矛盾愈演愈烈，化解难度不断加大，最终积重难返。申诉案件的办理与社会治理密切联系，化解信访矛盾不仅要治标，更要治本。简易听证有助于实现矛盾化解，往往能更好地实现案结事了人和，这也是对司法实践需求的有效制度供给。③ 简易听证通过保障当事人的参与权，并引入听证员这一社会力量及时参与矛盾调处，促进矛盾纠纷有效化解。

---

① 参见郑国焕：《三大特性彰显简易公开听证司法为民价值》，载《检察日报》2021 年 9 月 6 日第 3 版。

② 参见杨军伟：《简易听证的实践探索》，载《中国检察官》2023 年第 17 期。

③ 参见北京市人民检察院第一分院课题组、张际枫、孟涛：《听证在检察机关办案中的应用与完善》，载《中国检察官》2021 年第 21 期。

3. 坚持和发展新时代“枫桥经验”的必然要求。简易听证是检察机关践行新时代“枫桥经验”创造性呈现。简易听证在程序上更加便捷，减少程序的烦琐，降低了司法成本，节约了司法资源。申诉案件简易听证不仅便于人民群众参加听证，而且监督检察机关办案活动，不断提升检察机关公信力。同时，简易听证提倡就地化解，方式上更加灵活，如上门听证、视频听证等，推进信访矛盾及时化解。据统计，2023 年，全国检察机关就案件事实、法律适用等疑难、争议性问题开展针对性听证，前 11 个月共开展检察听证信访案件 2.78 万余件，信访矛盾有效化解率近 80%。其中，简易听证案件 2.25 万余件，同比上升 14.1%；上门听证案件 0.45 万余件，同比上升 30%。[①] 申诉案件简易听证的效果愈发明显。

（二）申诉案件简易听证的可行性

1. 公开听证制度的不断发展。2000 年最高检印发的《人民检察院刑事申诉案件公开审查程序规定（试行）》将听证会纳入案件审查流程。2012 年《人民检察院刑事申诉案件公开审查程序规定》对刑事申诉案件公开审查进一步细化。2020 年最高检印发的《人民检察院审查案件听证工作规定》对公开听证工作进一步规范。公开审查的方式更为多样，公开听证是最常见的形式，因此，刑事申诉案件的公开听证工作也应遵循最新的工作要求，以期促进司法民主且提升办案质效。[②] 2021 年 4 月，最高检印发的《“十四五”时期检察工作发展规划》提出要坚持“应听证尽听证”。公开听证制度的深入推行受到了社会各界广泛认可，以公开促公正，检察机关司法公信力不断提升。在上述司法实践的基础上，2022 年最高检印发

① 参见谷芳卿：《画好检察机关信访工作法治化“路线图”——专访最高人民检察院第十检察厅厅长那艳芳》，载《检察日报》2024 年 2 月 23 日第 2 版。

② 参见张传武：《检察公开听证的审思与改进》，载《人民检察》2023 年第 18 期。

《人民检察院办理控告申诉案件简易公开听证工作规定》（以下简称《简易公开听证工作规定》），进一步优化相关程序，展现了简易听证的独特价值。

2. 组织保障更加完善。简易听证制度的高效施行离不开强有力的组织保障。目前，检察机关普遍建立了固定的听证员队伍，通过择优选拔听证员，组建具有代表性、专业性和社会公信力的听证员队伍，为简易听证提供了规范化、专业化和常态化的保障。同时，值班律师制度也为简易听证提供了便利，更好地发挥了具有法律素养的第三方客观中立优势，有利于共同释法说理，增进申诉人的信任，推动信访矛盾化解。加之，目前各业务部门与综合业务部门畅通的沟通协作机制，为听证员的选派提供诸多帮助，进一步推动了简易听证的实行。

3. 司法实践得到充分印证。简易听证数量逐年递增，效果明显，承办检察官也越来越擅长利用简易听证化解信访矛盾纠纷。在大量司法实践的基础上，最高检发布了一批检察机关简易公开听证典型案例，其中包括申诉案件，对于指导全面推进简易公开听证，努力把信访问题解决在首办环节、化解在基层，具有很强的指导意义。检察机关通过部门之间的协作配合，充分运用听证意见，全方位做好释法说理工作，有效地化解了信访矛盾，实现案结事了人和。在经济效益层面，简易听证极大降低了司法上的成本经济，一是减轻了当事人诉累，二是节约了司法资源，① 司法实践效果显著。

（三）申诉案件简易听证制度之优势

1. 程序便捷性。普通公开听证会程序比较烦琐，如制定预案、选定并邀请听证员、发布公告、组织听证等，在一定程度上加重了

① 参见杨军伟：《简易听证的实践探索》，载《中国检察官》2023 年第 17 期。

检察官的办案压力，“人案矛盾”较为突出。简易公开听证通过简化审批、告知等程序，更加方便快捷。《简易公开听证工作规定》第 3 条中规定简易公开听证要坚持“及时就地”原则，这种时间上的及时性与地点上的当场性可以充分发挥其简便性优势，有利于及时化解矛盾，提升司法效率。

2. 方式的多样性。普通听证会要求听证地点一般在人民检察院检察听证室。有特殊情形的，经检察长批准才可以在其他场所举行。《简易公开听证工作规定》第 8 条规定，简易听证可以在 12309 检察服务中心接访大厅或者检察听证室举行，也可以通过远程视频方式或上门开展简易公开听证，听证地点和听证方式愈发多样，坚持从化解矛盾的实效出发，方便申诉人参加听证，让公平正义可感可触，有利于增加当事人对检察官的信任，尽最大可能及时化解矛盾，避免矛盾累积引发新的社会问题。

3. 突出实效性。开展简易公开听证的目的更侧重于及时就地化解矛盾纠纷，努力实现案结事了人和。所以在听证的具体操作上更注重结合案件具体情况选择合适的方式。如在听证员的选择上充分体现了灵活性，根据规定，听证员可以是参与信访接待的律师、心理咨询师，案件涉及邻里、亲属纠纷等，可以邀请村（社区）两委人员或者具有较强矛盾调处能力的人民监督员等作为听证员。对涉及司法鉴定等专业问题的，可以邀请相关专业人员作为听证员，这种灵活性有利于“因案制宜”，针对不同案件需要开展工作，更能发挥听证会的作用。

二、 申诉案件简易听证适用之争议

（一）质效之争

从刑事检察的历史脉络来看，价值分析可以发现早期建立的刑事检察听证程序并非完善的，如程序上较为烦琐且缺乏证据规则等。[①] 简易听证在程序上进行了简化，对于这种简化是否会影响听证的实效一直存在不同的意见。在目前人案矛盾比较突出的情况下，简易听证更易成为走形式的高发地。在当前大力推进检察听证的工作背景下，个别基层检察院为了完成工作任务而举行听证，有的甚至倾向于选择没有实质争议的案件组织召开简易公开听证，极大浪费了司法资源，侵害了简易听证程序的必要性和检察活动的严肃性。与此同时，《简易公开听证工作规定》第 4 条规定，对于原判决、裁定或者处理决定认定事实清楚，证据确实充分，处理适当，当事人不服向检察机关提出控告申诉的案件，可以开展简易公开听证，这一规定明确了简易听证针对的是不存在争议的案件，在此情形下，听证主持人、听证员是否会认真对待也存在质疑，若只是为了听证而听证，那么听证的质效也就无从谈起。

（二）参与主体之争

普通听证会一般由承办案件的检察官、部门负责人或者检察长作为主持人，但简易公开听证会则可以由检察官或者检察官助理担任主持人。关于听证会主持人的问题，一直存在不同意见，有学者认为主持人和案件承办人应不是同一人；还有人认为在目前的办案环境下，主持人是案件承办人有利于抓住案件的核心，保证听证的效果。简易听证会对主持人是否应是办案人没有明确要求，同时第一次对主持人的身份进行了扩大，检察官助理也可以担任主持人，但在司法实践中，检察官助理控场能力和听证会的效果也会引起当事人的质疑。在听证员的选择上，普通听证会的听证员一般为三至七人，

---

① 参见刘亦峰、杨坤、周云：《刑事检察听证程序的反思与重塑》，载《广西警察学院学报》2021 年第 6 期。

简易听证会要求为二人以上，这也就意味着简易听证会听证员可以是二人，虽然简易听证会针对的是争议不大的申诉案件，但是若当二人意见不一致时又该如何决定确实应认真思考。

（三）释法说理效果之争

在司法实践中，普通听证因需提前三日告知听证员，听证员有较为充足的时间熟悉案情，并根据听证会实际情况发表意见，但简易听证会更多地依赖于承办检察官的介绍，在释法说理的准备上处于被动局面。简易听证是当事人与承办人直接对话的平台，也是充分引入第三方进行释法说理的机会，可以在一定程度上解决群众因对公权力的不信任引起的矛盾纠纷，有利于缓解信访人对检察机关的不满情绪，增强信访化解实效。① 但不管是普通听证还是简易听证，听证会中释法说理工作存在着在内容上缺乏规范性，说理不充分、不完整，说理套路化且千篇一律等问题。尤其在简易听证突出“快”字的情况下，听证员并没有充足的时间了解案件基本情况，如何更好地发挥听证员的释法说理作用还需进一步强化。

（四）意见运用之争

听证意见是公开听证的重要成果，也是人民检察院作出最终结论的重要参考，但对于是否采纳听证意见，检察机关具有决定权。《人民检察院审查案件听证工作规定》未明确规定听证员或听证员代表公开发表意见的原则和具体标准，导致实践中公开发表较为随意难以形成规范。② 在具体运用上，普通听证要求不采纳听证员多

① 参见李子云：《中国法治进程下的信访工作一涉检信访新格局探究》，载《信访与社会矛盾问题研究》2021 年第 1 期。

② 参见曹琼、龚霞、张立新：《行政检察公开听证实证分析——以 J 省 2022 年以来的听证案件为样本》，载《中国检察官》2023 年第 17 期。

数意见的，应当向检察长报告并获同意后作出决定。但在简易听证会中并无相关要求，只是规定听证后要认真研究听证意见，依法作出处理决定，因此，简易听证意见的采纳与否完全由承办检察官决定，存在架空听证员意见之嫌，不免让人怀疑听证过程流于形式，无法充分发挥听证意见对化解矛盾的实质作用。

三、申诉案件简易听证适用之完善

（一）着力提升简易听证意识和能力

在目前司法实践中，部分检察干警已经充分认识到听证对化解信访矛盾的重要意义，但是仍存在部分检察干警对简易听证制度运用不熟练的情形，尤其是在申诉案件中，因认为案件不存在争议，故对听证的认识和实操把握上还有所欠缺。在办理申诉案件中，检察干警要从内心深处认可和践行该制度，要把简易听证的价值功能置于夯实党的执政根基的高度、国家治理体系的维度和社会治理的角度，积极妥善用好该制度。[①] 要加强对检察干警的培训，通过学习典型案例等多种方式不断提高听证能力。在召开简易听证会的过程中，要牢牢抓住矛盾化解这条主线，根据现场情况随机应变，通过摆事实、讲证据，利用自身及听证员的多方参与耐心释法说理，切不可将简易听证作为案件办理的一种可有可无的环节，要善于利用简易听证拉近与申请人的距离，用心用情回应申请人的诉求，以高度的政治自觉、法治自觉和检察自觉把检察为民的理念贯穿于申诉案件办理全过程，高质效办好每一个案件，促进案结事了人和，让人民群众感受到公平正义和检察温暖。

---

① 参见杨军伟：《如何组织开展简易听证》，载《中国检察官》2023 年第 11 期。

（二）持续优化申诉案件简易听证组织保障

一是高度重视简易听证主持人的确定。虽然申诉案件简易听证对主持人的范围进行了扩大，但是本文认为基于申诉案件的特点以及伴随的信访问题，对主持人的选派要慎之又慎。根据目前规定，申诉案件一般都实行领导包案，为更好地化解信访矛盾，本文认为可以将领导包案与主持听证有机结合。包案领导通过亲自阅卷、主持公开听证、接访群众等方式对案件直接审查，更有利于用实际行动赢得人民群众信任，做到真包案、真下访、真化解，充分发挥“头雁效应”。二是加强简易听证内部协作配合。简易听证绝不是办理申诉案件一个部门或者一个办案人的责任，从启动到结束需要与综合业务部门、法警部门以及本部门其他干警密切配合，在听证员的选任上，办案部门应与综合业务部门深入沟通，根据案件具体情况挑选合适的听证员，对于需要法警在场维护秩序的也应做好衔接配合，齐心协力保证简易听证有序开展。三是完善听证员队伍建设。简易听证对听证员的类型和专业知识要求更为广泛，在做好常规听证员库建设的同时，可以有意识地将信访矛盾化解能力强的人纳入备选力量，同时积极与值班律师做好沟通，组建一支覆盖面广、人员类型丰富的简易听证员队伍，同时完善听证员选任和管理机制。① 针对不同的申诉案件，聚焦争议焦点，因案制宜选取听证员，充分发挥听证员的各自优势，凝聚信访矛盾化解合力。四是丰富简易听证方式方法。在办理申诉案件过程中，对于申诉人或者代理律师不方便面对面参加听证的，可以通过视频的方式召开公开听证，不拘泥于形式，更注重实效。同时，可以根据案件实际情况，

① 参见滕维娟、李强、张源：《加强组织管理明确听证规则》，载《人民检察》2023 年第 S1 期。

积极采取上门听证的方式，走到申诉人身边，增加申诉人对检察机关的信任。每一场简易听证，也是一次普法宣传，以人民群众可感可触可信的方式，促进人民群众法治观念养成，把矛盾纠纷化解在基层，解决在当地。[①] 五是完善简易听证与普通听证程序转化。虽然简易听证针对不存在争议的案件，但是不能完全排除在听证会过程中出现新证据、新情况的情形，因此，当在简易听证过程中出现不适宜开展简易公开听证情形时应及时终止简易听证程序，并根据实际情况确定是否转为普通听证。

（三）重视简易听证前期准备工作

一是在听证会前，承办人应全面审查申诉材料，了解案情，通过面对面沟通的方式深入了解申请人的诉求。对于拟召开简易听证的，应听取申请人的态度，告知该制度相关内容，并明晰听证会的重点。二是在听证会前与听证员充分交流。不同于普通听证，简易听证因时间关系往往较急，所以承办人与听证员前期的沟通至关重要。在沟通的过程中应客观陈述案件情况，不能带有偏向性，避免听证的形式化，同时要针对听证员的类型，有针对性地普及相关知识，对于不熟悉法律的听证员应着重介绍相关法律规定，争取听证员的理解和支持，汇聚工作合力。对于听证会召开时间的问题，因为申诉案件简易听证的目的是化解矛盾纠纷，信访问题往往又是需要时间认真对待的事项，因此，本文认为简易听证追求的是高效便捷，而不是一味求快，古人云："欲速则不达"，在办理申诉案件过程中，要根据案件实际情况决定简易听证召开的时间，既给自己留下充足的工作时间，也为听证员、申请人留下充足的时间，绝不能

---

① 参见金石、汪松林：《完善行政检察听证制度的路径设计》，载《中国检察官》2023 年第 22 期。

因“快”而失“效”。

（四）高度重视和运用听证意见

听证意见是公开听证的核心成果，检察机关应当高度重视并积极回应。[①] 普通听证要求不采纳听证员多数意见的应向检察长报告并获同意后作出决定。虽然简易听证没有具体要求，本文认为也应参照相关规定作出决定，并及时向听证员反馈最后处理结果。这不仅能避免简易听证浮于形式的问题，也体现了检察机关对听证员的充分尊重。同时在释法说理上，也应多多运用听证意见，如在相关文书中引入听证意见，提升释法说理的效果。对于在听证过程中听证员提出涉及反向审视意见的，也应高度重视并积极按照相关要求开展反向审视工作，深入分析申诉案件产生的问题和原因，进一步规范执法司法活动。

（五）强化简易听证后的跟进工作

简易听证之目的在于更好解决群众急难愁盼的问题，因此还要注重听证后的跟进工作，如发挥司法救助之作用。2022 年，全国各级检察机关共计受理司法救助类案件 7.3 万余件，救助 8 万余人并发放救助金 8.6 亿元左右。根据《简易公开听证工作规定》的要求，简易公开听证结束后，主持人和承办检察官要与申诉人再次面对面沟通交流，听取申诉人对听证结论的意见。这是将群众工作贯穿申诉案件办理全过程的生动体现，在听证的基础上进一步释法说理，能够进一步深化申请人对处理结论的认同感。信访矛盾的化解不是一蹴而就的，也不会简单因为召开了听证就能立即打开申请人

① 参见郑小鹏：《做优刑事申诉公开听证工作探析》，载《中国检察官》2023 年第 3 期。

的“心结”和“法结”，但是持续的跟进和深入的工作更有利于信访矛盾的化解。在办理申诉案件过程中，不能因召开了公开听证就认为案件办结，而要深化听证的效果，持续做好信访人思想和心理上的疏导，让信访人真正感受到检察机关在用心用情为民办实事，切实做到高质效办好每一个案件。①

（六）充分发挥数字技术提高听证效能

数字技术在检察听证中的应用大致分为两类。一类是网络直播公开听证，根据《中国检察听证网建设方案》和《检察机关听证室建设技术指引》之相关规定，将互联网实时接入听证现场，并启用多屏同步显示和智能语音笔录等功能，保证网络直播的听证现场有着良好的视频、音频传输效果。该类听证主要应用于公开且与公共利益相关的案件，确保人民群众对检察工作的知情权、参与权，以及公众的表达权和监督权。另一类是针对当事人出行困难、居住地较远等情况，无法到现场参与听证。检察机关发挥信息化、数字化优势，借助科技手段，对涉及多名当事人的同类型申诉案件，利用线上视频会议系统开展集中简易公开听证，为身处异地无法到场的当事人提供便利，同时又能将调查、说理以及评议在线上视频会议中集中，在首办环节及时化解矛盾纠纷。检察机关应针对不同类型案件，选取合适的线上听证方式。

面临各类复杂案件，繁简分流提升办案质效是新时代检察机关在听证制度上继续完善优化的价值选择。申诉案件的简易听证制度的完善是践行新时代“枫桥经验”和深化“温暖控申”亮面建设的关键路径。近年来，认为司法裁判不公进而反复上访申诉的死循环怪圈现象屡见不鲜，简易听证能够晓之以理动之以情，在情感和情

① 徐向春：《以检察听证促进案结事了人和》，载《人民检察》2021 年第 12 期。

理的双重层面上充分回应群众的诉求，及时解开群众心结和缓解群众负面情绪，进而实现情与理的兼顾、司法与公正的统一。不囿于传统制度建设的逻辑思维，未来申诉案件的简易听证工作还可以借助科技手段，探索搭建互联网简易听证平台，更快捷更利民地有效解决听证主体无法到场参加简易听证的情况，更好地借助科技助力简易听证深化发展，促进社会治理并服务好基层社会治理。

检察文苑

JIANCHA WENYUAN

于高山之巅，方见大河奔涌

旭　霞*

目　次

非常感谢中国人民大学司法数据量化研究中心（最高人民检察院案件管理研究基地）的老师和最高人民检察院案件管理办公室的各位领导，让我能够有机会来到最高人民检察院案件管理部门进行实习，不仅深度参与了检察机关案件管理的具体工作，还近距离接触了最高检的工作人员，学习他们的工作方法和生活智慧。

一、与人为善，高效直接，减少官僚主义

初入最高检的大门，我的内心十分忐忑。担心领导过于严肃，气氛压抑；担心同事过于圆滑，充满官气；担心程序过于烦琐，消耗时间。因为这些不明所以的担心，导致我报到的第一天十分紧张。庆幸的是，后续的实习证明我的担心纯属多余。

* 旭霞，中国人民大学法学院刑法学专业研究生，最高人民检察院案件管理办公室实习生。

首先，领导们非但不严肃，反而十分平易近人。实习的第一天，最高检案管办申国军主任就找到我们三位实习生进行谈话，告诉我们实习的目的不是要在短期内学会多少专业知识，而是感受最高检工作人员的状态，学习他们思考问题的方式，考虑事情的方向，同时也是见见世面，增长自信。有一个细节令我印象深刻。申主任对我们交代结束后，三位处长便进入办公室。一见到几位领导，坐着的我们便“噌”地站起来让座，但是申主任说“没关系，就坐着，别紧张！”还嘱咐几位处长既不要一点任务也不安排，浪费我们的实习时间，一无所获；也不要布置太多任务，让我们喘不过气来，压力太大；还要照顾好我们，别对我们发火，有事请假基本都批准。简单的见面，没有场面话，也没有官架子，每一句嘱咐都关切我们的实际需要。那一刻，我紧张的心情得到了一些缓解。

其次，同事们非但不圆滑，反而十分热情可爱。刚刚进入一个陌生的环境，每个人都会稍显拘谨，当想到要走进陌生的办公室和不熟悉的同事开始尴尬的自我介绍和寒暄，尽管我是一个“社交恐怖分子”，内心还是有点紧张。所以，当处长直接带着我走进办公室，把我介绍给另一位处长和同事认识的时候，我简直不要太开心！而且，同事们都非常热情，带我去工位，告诉我工作流程，提醒我保密意识等。第一天的相处，平淡而愉悦。后续实习的过程中，更加熟悉的我们经常一起约饭、看电影，畅聊生活和工作各方面的大小事，互相安慰，彼此鼓励，成为了更加亲密的朋友。

最后，程序非但不烦琐，反而十分高效直接。实习期间，十分荣幸能够实际参与了几份上报院领导的报告的写作。与想象中的公文不同，报告的开头没有华丽辞藻的堆砌，没有阿谀奉承的讨好，没有假大空的套话，反而是直接说明撰写报告的目的、研究的过程和得出的结论，开宗明义、简单直接，让我对检察机关务实高效的工作作风有了更加切实的体会。

二、 尽心尽力，恪尽职守，完成主责主业

应勇检察长强调，高质效办好每一个案件，重在“高质效”，难在“每一个”。检察机关的主责主业是法律监督，工作重心也是法律监督。要更有针对性地加强法律监督工作，协同整治执法司法突出问题，在推进严密的法治监督体系建设中发挥更重要作用。在加强法律监督的同时，坚决纠正监督质效不高、履职不规范等自身问题，提升检察工作规范化水平。为发挥案件管理部门在法律监督中的重要作用，在领导们的带领下，我们开展了许多工作。

披星戴月，深入了解2019年以来全国不合格案件质量评查基本样态。作为案件质量评查等次之一，不合格案件一直是案件质量评查的核心所在。在“四大检察”中，不合格案件数量占比最高的是哪一个？几类不合格案件标准中，出现最多的是哪一种？各级法院中，不合格案件数量最多的是哪一级？作为案件管理部门案件质量管理处的人员，不能对全国不合格案件情况不清楚、不熟悉。所以，在领导的带领下，我们制作表格对各省不合格案件情况进行汇总、分析。在制作表格的过程中，领导一再提醒我们，“一定要深思熟虑，尽善尽美，力求一次性收集完毕信息，如果能够通过我们自己计算等方式获得的数据，就不要给基层的工作人员增加负担”。制作表格完毕之后，我们便马不停蹄下发各省，各省的工作人员也十分配合，历时两天左右，基本汇总完毕。接下来就是撰写报告，说明事实、分析原因、得出结论等。每一个环节都需要对全国的数据进行计算，都需要对全部审查报告进行研读，都需要对上报材料填写不对的地方进行沟通修正。报告初具雏形之后，便是不停地修改，在我的记忆里，修改了不下十次，连续加了好几天的班，那也是我对深夜的最高检慢慢熟悉的开始。功夫不负有心人，报告撰写完毕，下发各部门参阅，为后续工作提供了重要参考。

听真声音、挖真问题、为案件质量宏观评价寻真方法、找真出路。“没有调查就没有发言权。”最高检案管办深入基层，前往北京、辽宁、福建、山西、天津等多个省市了解案件质量主要指标运行中的真实情况、倾听一线办案检察官的真实声音、深挖指标运行过程中的真实问题。在充分调研的基础上，发现指标运行过程中不可避免地出现“非理性的卷”“不正常的比学赶超”问题。为了解决这一问题，领导带领我们再一次向最高检领导写报告、说问题、提建议。2024 年 10 月 15 日、16 日，最高人民检察院先后召开检委会（扩大）会议和党组会议，研究加强和改进检察管理、为基层减负的措施，提出“一取消三不再”，一体抓实“三个管理”。会议的内容一经报道，就备受社会各界关注，在检察系统内外引起强烈反响。

三、 仰望星空，脚踏实地，答好自己的人生课题

于高山之巅，方见大河奔涌；于群峰之上，便觉长风浩荡。在最高检案管办质量处的实习，让我学习到了最高检工作人员的工作态度、工作方法。

在这个盛行“躺平”文化的时代，仍旧有这样一群人在默默努力、坚持奋斗。他们从不在社交媒体上大肆渲染自己的付出，歌颂自己的努力，只是脚踏实地、勤勤恳恳完成自己的主责主业。这在很大程度上缓解了我的焦虑，抚平了我的浮躁，坚定了我的信心，他们用平淡生活里的努力告诉我：追风赶月莫停留，平芜尽处是春山！

人们常说，耳闻之不如目见之，目见之不如足践之。这段实习，让我在实践中感受到案件质量管理的重要性；这段实习，虽偶有压力，怀疑自己，但是遇到的人和事都给予我无尽的勇气。愿在未来的日子里，南来北往，不负生活，不迷失方向！

《检察业务管理指导与参考》征稿启事

《检察业务管理指导与参考》是由最高人民检察院案件管理办公室和中国检察出版社联合创办的指导性连续出版物，以“加强工作指导、促进理论研究、解决实际问题”为宗旨，坚持理论联系实际的原则，贯彻实用性、指导性和权威性的编写特色，为全国业务管理理论研究者和实务工作者提供交流平台，欢迎广大检察人员、高等院校和研究机构的专家学者以及各界人士投稿。

一、 征稿内容和主要栏目

稿件内容为业务管理理论与实务问题研究，主要包括业务管理基础理论、检察改革背景下业务管理的职能定位，案件综合管理、流程管理、质量管理、统计信息管理、业务信息化管理等职能履行方面的理论与实务研究，检察业务应用系统的应用和完善情况、案件信息公开工作的经验及建议等。主要包括以下栏目，具体情况可以结合实际适时调整。

（一）政策指导类栏目

高层声音：中央、最高人民检察院领导关于业务管理工作的重要讲话，最高人民检察院召开的有关业务管理工作会议精神。

领导论坛：最高人民检察院案件管理办公室领导、各省级院领导有关业务管理工作的讲话、调研报告、理论文章等。

理论前沿：司法体制改革背景下，政法部门业务管理总体职能定位、主要任务、发展趋势等方面的研究成果。

政策解读：专家学者或各级院案件管理部门负责人对涉及业务管理工作的法律法规、规章制度进行的深度解读。

（二）业务研讨类栏目

业务研究：对案件综合管理、流程管理、质量管理、统计信息管理、业务信息化管理、人民监督员履职管理等各项职能进行深层次研究。

经验交流：各级检察机关案件管理部门结合实际，创新开展工作的经验做法。

典型案例：在案件受理审查、流程监控、质量评查、业务考评、业务分析研判、人民监督员履职等具体工作中形成的具有典型意义的案例或事例（附工作文书）。

（三）专题类栏目

规章制度：最高人民检察院和省级院制定下发的有关业务管理工作的规定、决定、意见、通知等规范性文件。

专项解答：针对各地业务管理工作中出现的常见问题、突出问题的专项汇总解答。

分析研判：各地围绕检察工作重点，发挥业务管理职能作用，深入开展的业务分析研判。

（四）其他栏目

案管风采：部分先进案件管理部门或者优秀案件管理人员的典型事迹材料。

检察文苑：与检察业务管理工作相关、可读性较强的纪实报告、小说、散文、诗歌、随笔等文学作品。

二、 投稿要求

1. 原创性。本书主要刊发原创的理论和实务文章。稿件如已在其他刊物发表过，投稿时请务必注明刊发的时间和刊物名称。

2. 时效性。要围绕正在开展的业务管理重点工作和亟须解决的问题组织稿件，对业务管理工作具有一定的指导和借鉴意义。

3. 内容适宜公开发表。本书向社会公开发行，请针对文章中的数据、事例等材料认真进行保密审查，防止出现不宜公开或泄密的事件。

4. 数据引用要准确。文章引用的数据要列明来源和出处，确保真实准确。

5. 署名和引注要规范。鼓励作者独立署名，也可刊发合作署名文章，但对4人（含4人）以上的署名文章一般不刊发或者作集体署名处理；文章的引注请严格依照“注释体例”的要求。

6. 作者信息要完整。应在稿件电子版内（文章结尾处，无须另附文档）直接注明作者详细联系方式，包括通信地址、邮政编码、联系电话、电子信箱等，并附作者简介。

7. 稿件形式要合规。理论研讨文章一般应当在3000字以上，稿件电子版（word或wps格式）应以“附件”方式发送至投稿电子信箱。

三、 注释体例

注释采用脚注方式，每页不连续编号，以阿拉伯数字加圆圈标志。

（一）著作类引文注释

作者：书名，卷次，译者，出版社，出版年份，页码。

例如：

①张文显主编：《法理学》，法律出版社 2004 年版，第 38 页。

②史尚宽：《民法总论》，中国政法大学出版社 2000 年版，第 23 页。

③［德］黑格尔：《法哲学原理》，范扬、张企泰译，商务印书馆 1961 年版，第 91 页。

④H. L. A. Hart, *The Concept of Law*, Oxford University Press, 1961, p. 6 – 7.

（二）文章引文注释

作者：文章名，本书作者，所载书刊名，卷次，出版社，出版年份，页码。

例如：

①俞荣根、刘霜：《立法助理制度述论》，载《法学杂志》2007 年第 2 期。

②周光权：《违法性意识与犯罪故意的关系》，载陈忠林主编：《全国中青年刑法学者专题研讨会文集·违法性认识》，北京大学出版社 2006 年版，第 28 页。

③李希慧等：《“轻轻重重”应成为一项长期的刑事政策》，载《检察日报》2005 年 5 月 26 日第 3 版。

④Julius Stone, “Roscoe Pound and Sociological Jurisprudence”, in 78 *Harvard Law Review* (1965), p. 1578.

（三）数字和书名号的用法

1. 除引用原文外，文章中出现的数字（不含序数）均使用阿拉伯数字。

例如：

《中华人民共和国刑事诉讼法》第159条明确规定："对犯罪嫌疑人可能判处十年有期徒刑以上刑罚，依照本法第一百五十八条规定延长期限届满，仍不能侦查终结的，经省、自治区、直辖市人民检察院批准或者决定，可以再延长二个月。"这说明可能判处10年以上有期徒刑的犯罪嫌疑人被羁押的时间最长可达7个月。

2. 法律法规除全称需要书名号外，简称均不加书名号（加括号规定简称的除外）。

例如：

我国刑法中对被害人承诺没有明文规定，应当在立法中予以明确。

《最高人民法院案件审限管理规定》（以下简称《审限管理规定》）中明确规定："审判人员故意拖延办案，或者因过失延误办案，造成严重后果的，依照《人民法院审判纪律处分办法（试行）》第五十九条的规定予以处分。"

四、 投稿联系方式

1. 投稿邮箱。邮件请注明"《检察业务管理指导与参考》投稿"及主题，检察内网发至agb_ zdyck@ gj. pro，外网发至agbzdyck@ 163. com。

2. 本刊编辑部地址。北京市东城区北河沿大街147号最高人民检察院案件管理办公室，邮编：100726。

3. 编辑部电话：010－65200308。

2025 年《检察业务管理指导与参考》征订单

《检察业务管理指导与参考》是由最高人民检察院案件管理办公室和中国检察出版社联合创办的指导性连续出版物，以“加强工作指导、促进理论研究、解决实际问题”为宗旨，坚持理论联系实际的原则，贯彻实用性、指导性和权威性的出版特色，为全国业务管理理论研究者和实务工作者提供交流平台。

2025 年《检察业务管理指导与参考》全年 6 辑，每辑定价 40 元，全年定价 240 元，面向全国公开发行。现 2025 年征订工作已经开始，欢迎各级人民检察院和相关部门订阅。各订阅单位可通过中国检察出版社官网（www. zgjccbs. com）进行网上订购，也可采用纸质订购方式，汇款后请填写订购回执单（见下页，复印有效）并传真至出版社。

中国检察出版社

2024 年 11 月

2025 年《检察业务管理指导与参考》订书回执单

<table>
<tr><td>订购单位名称</td><td></td><td>经手人</td><td colspan="2"></td></tr>
<tr><td>地　址</td><td></td><td>电话
（手机）</td><td colspan="2"></td></tr>
<tr><td>单位统一信用代码</td><td></td><td></td><td colspan="2"></td></tr>
<tr><td>电子发票接收邮箱</td><td></td><td></td><td colspan="2"></td></tr>
<tr><td colspan="2">书　名</td><td>定价</td><td>订数</td><td>金额</td></tr>
<tr><td colspan="2">2025 年《检察业务管理指导与参考》</td><td>240.00</td><td></td><td></td></tr>
<tr><td>合计金额</td><td colspan="4">万　　仟　　佰　　拾　　元整</td></tr>
<tr><td colspan="5">备注：款到三个工作日左右，发票发送至您的邮箱！</td></tr>
</table>

订购方式说明

第一种：网站订购（www.zgjccbs.com）（不用发传真、款到开票）

1. 网站下单，直接在线支付（微信、支付宝）
2. 网站下单，银行汇款需备注订单编号后 6 位数字

网站订购负责人张惠 010－86423745、18101137669　技术咨询 010－86423763

第二种：微信订购（仅支持微信在线支付）

1. 使用微信扫描右侧二维码可直接在线订购
2. 了解最新书讯请关注“中国检察出版社”微信公众号

第三种：传真订购

书款汇至出版社账号后，务必将订书回执单填写完整并传真至 010－68659465

中国检察出版社账户信息

户　名：中国检察出版社有限公司　　账　号：11050164860000000056

开户行：建设银行北京西山枫林支行　　行　号：105100050751

中国检察出版社各省订购负责人：

盛　丹 010－86423727　18101137660（微信同号）传真 010－68659465

（北京、天津、山西、陕西、河北、黑龙江、吉林、辽宁、内蒙古、青海、山东）

董艳芬 010－86423726　18101137661（微信同号）传真 010－68659465

（河南、浙江、江苏、安徽、上海、福建、甘肃、江西、新疆、西藏）

薛建娜 010－86423728　18101137662（微信同号）传真 010－68659465

（广东、广西、海南、重庆、四川、云南、贵州、湖北、湖南、宁夏）